主体性のある子に育てる

13歳の男の子に、親が教えるキーワード

13歳の男の子が自立して主体的に生きていくためのよりよい親子関係の築き方

著者 松永暢史
V-net教育相談事務所主宰

日東書院

＊はじめに＊

13歳とは、人の人生において最も輝かしい時期の始まりのときです。そして、すべての人が、わせ（早熟）おくて（晩成）の区別なく、同時に自己の人生を自分で切り開いていく、「スタートライン」につくときともいえましょう。

13歳までの子どもたちは、それまでおおよそ周囲の親や大人の言うとおりにやってきたことでしょう。つまり、大人の設定した教育環境に身を任せてきたのです。

しかし、13歳からは違います。そろそろ大人になり始めて、自分から物事を体験していくときです。

そうして、それが、14、15、16、17、18歳と確実につもって、ひとりの人間のそれからの人生の土台ができあがっていくことになる時期といえるのです。

この時期に自ら身を入れて取り組んだことは、勉強にしろスポーツにしろ芸術にしろ、そしてその他の技術にしろ、他の人生のいかなるときよりも実りが大きいといえます。だからこそ、人にとって13歳という年齢を意識することは、かけがえのないことでもあることになると思います。

13歳は、自ら思考し、自ら選択し、自ら行動して、自ら体験する「自立」の始まりの時期です。

しかし、親としてここが厄介なことに、13歳は「自立」の始まりである時期だけに、「反抗」の始まりの時期でもあることになるわけです。

13歳になると、多くの子どもは親の言うことをあまり聞かなくなります。しかし、それはある意味で当然のことです。13歳は自分で考えたり自分でしようとしたりしているときなのですから、親に何か言われて自分の行動を決めることは、「自立」と反対のことになってしまうのです。

読者の皆さんも覚えがあることでしょう。あのときどうして親の言っていることに耳を傾けなかったのかと後悔したことが。そしてそれが「しかたがない」ことだと思ったことが。

13歳以上になると、親の知らないところで知らないことをやるようになります。昔でいう「元服」です。

そんなとき、わが子が、日常行動で何をやっているかはある程度想像がつくものの、いったい頭の中で何をやっているのかは、なかなかわからないことだと思います。だから、13歳は親にとって？？？！のときでもあるでしょう。「うちの子最近何を考えているのかよくわからない」。13歳以降のお子さんをお持ちの親御さんの多くが、つい口にしてしまう言葉だと思います。

この非常に大切で、しかもとても厄介な時期の子育てについての方法を、お伝えしようとする試みがこの本の目的です。

この本では、13歳以降の男の子の有り様を、長年その年齢の子どもたちやご家庭と、一対一で向かい合う仕事をしてきた教育環境設定コンサルタントがわかりやすく解説し、その上で、ではどうすればいいのか、またその基になる考え方は、どのようなものであるべきなのかを提言していきたいと思います。

願わくば、読者の皆さんの子育てについてのご参考やご一助になれれば、筆者として誠に幸甚に存じます。

第1章　13歳の男の子が進むべき方向　……11

第2章 13歳になる前につけておきたい能力

第4章 13歳の男の子を育てる ……117

第6章 13歳から古典に親しむ……173

第7章 今から考えておきたい子離れ……193

コラム●私のすすめる受験術

第1章

★13歳の男の子が進むべき方向

13歳はちょうど反抗期
自分と親の距離感を模索している時期

13歳の男の子を育てるにあたり、まず、13歳とはどのような時期かを説明しましょう。

このあたりの年齢の男の子を持つ親御さんが、いちばん悩まれるのが反抗期です。13歳の男の子にとって、ちょうどこのころが、反抗期にあたるのです。

反抗期というのは、親がどういう人間であるかを、子どもがわかろうとしているときなのです。自分と親との距離感を、子どもの側から決定しようと思っている時期と言い換えることもできます。そこで、親とぶつかったり、闘ったりと、あれこれやって、親の出方を見ているわけなのです。そしてやがて「うちのおやじってのはこういう人間だったのか」ということがわかり、反抗期は収束します。

ですから反抗期に入る前に、親が自分のことを話していれば、反抗期は早く終わります。反抗期は、親がどういう人間か、わかればわかるほど、早く終わるわけですから。

でも反抗期は必ずきます。男の子にとって、反抗期がこないのはおかしなことなのです。

★13歳はちょうど反抗期

自分と親との距離感を
決定しようとしている時期

ぶつかったり闘ったりしながら
親がどういう人間かわかろうとする

反抗期は必ずくるもの

反抗期の先に自覚が目覚める 本人の自覚が主体性をもたらす

反抗期が終わると、本人の自覚が目覚めます。親がどういう人間であるかがわかると、もう逆らっても仕方がないと思います。そして本人が、自分の道を歩んでいくことにしようと思い始めます。

「あなたがたの人生が、どういうものかよくわかった。だからもうほっておいてくれ。これからは、おれはおれでやっていく。おれの人生は、自分で切り開いていく。誰が何を言ってもしようがないじゃないか」というふうに、本人の自覚が生まれます。

さらに、「毎日ごはん食べさせてくれてありがとう。これからも、おかあさんを泣かせないようにすることくらいは、できるかもしれないけど、おれはやりたいことやっていく。おれ自分で勉強する。そのために、来月から新しい塾に入る。行きたい塾も決めてある。だから月謝おくれ」などと言いだします。

主体的になれるのです。本人の自覚が主体性をもたらします。

★反抗期の先に自覚

がまんして物事に打ち込み大化けする可能性が

成長とともに、がまんする能力がついてきます。それができるのが、13歳以降の子どもです。がまんする能力がつくから、主体的に生きることもできるのです。

この時期に、自分で自覚して、勉強やスポーツ、芸術などを一生懸命やった場合、ものすごく大きく伸びることがあります。その伸びしろは、今までやってこなかったことを、すべて解消できるくらい大きいのです。

つまり、13歳以降の男の子は、がまんして主体的に物事に打ち込むことにより、大化けする可能性があるのです。

こんな子どもがいました。それまでぜんぜん目立たず、勉強の成績もふつうだったのに、13歳のころからめきめき伸びてきて、気がついたときは、通信簿に3がひとつで、あとは全部4と5です。担任の先生もびっくりしていました。そういうふうに、この時期の男の子が主体的に何かに打ち込むと、大化けすることがあるのです。

★大化けする時期

13歳
14歳
一年で
大化けできる
国語 社会 数学 理科 技術 体育 音楽 美術 選択
4 3 4 5 5 5 4 4 5

がまんして主体的にものごとを
一生懸命やると
伸びしろがすごく大きい

子どもが自分で自覚をもち なりたい自分に変わることを教える

次にこの章の主題である、13歳の男の子が進むべき方向についてお話しします。私は35年にわたり、子どもたちの成長につきそって走ってきました。そのなかで、このことだけは、絶対そうだと確信するようになったことがあります。

13歳以降、早くて中学1年生の半ば、いちばん遅くて中学3年生の12月ごろ、男の子は変わります。ひげやすね毛が生え、顔もごつくなり、声も変わります。当然体だけでなく、精神面も成長します。このときに、子どもが自分で自覚をもち、なりたい自分に変わっていくことを教えることができれば、それこそが、子どもにとって一生の財産になるのです。

私は、子どもが自覚をもって自分を変革することを覚え、それを一生の習慣にしてほしいと思っています。これができれば、勉強ぐらいできるようになるのはたやすいことです。またこの習慣を、30歳まで続けることができれば、社会に出ても、どんな人にも負けることはありません。

★自覚をもたせる

自覚的な自己変革は学歴など超えてしまう力をもつ

子どもがたえず、自覚的に自己変革をし、成長していけば、それは学歴を超えてしまいます。これができるようになれば、自分でなんにでもなれてしまえるのですから。

子どもが13歳ぐらいになると、ともすれば将来に備え、またいい学歴を得るために、親御さんは勉強を強要しがちです。そして18歳で受験が終わると、子どもは大学でどんちゃん騒ぎです。大学3年になれば、就職活動のためにスーツを着てあっちこっち訪問する…。これでは、世の中に流されて生きているだけの、自覚も主体性もない生き方です。

しかしこの時期に、自覚的に自己変革をする習慣づけが行われていれば、その子ははたちを過ぎても、人間交際を大切にし、本をよく読み、芸術にも親しみ、自分の趣味もやるという主体的な生き方をすることができるのです。単なる18歳時点での学歴を得ることよりも、たとえば何かの資格を取るとか、たえず自分で目標をもち、それに向けて努力をしている人間のほうが、納得できる人生を送ることができるのではないでしょうか。

★自覚的な自己変革

来年までに資格を取ろう
自覚的に努力する人間は
納得できる人生を
送ることができる

合格
受験
受験のためだけの努力は
後々しわ寄せが
志望どうき…
長所…
学生時代の活どう…

重要なのは〝自分から〟という発想
必要なのは自分から進んで行う主体性

子どもが小さいときは、自分から変化するということはできません。もちろん、それなりに成長はしているのですが、自然に成長しているといった感じです。

しかし、子どもも13歳以降になると、自分から、こういうふうになりたいとか、こういうふうにしたいだとか、早くこれができるようになりたいとか、あるいは、そのためにはどうしたらいいかといった発想が起こってきます。この〝自分から〟という発想が、とても大切なのです。

たとえば勉強をするにしても、ともすれば、学校のなかで先生の言うことを聞いて、テストができればいいということになりがちです。これには、〝自分から〟という発想がなく、ただ学校で言われるままに勉強をするという受け身の態度です。

もし勉強ができるようになりたいのなら、〝自分から〟進んで好きな課目の勉強をする、〝自分から〟進んで塾に行くという主体性がほしいわけです。

★重要な“自分から”という発想

まだ自分から
変化できない
小さいとき
13歳以降になると
かべ
どうすれば越えられるだろう
どうすればできるようになるだろう
すい
どうすればなれるだろう
塾行きたい
“自分から”という
発想がとても大切

13歳は自分を変革できる年
それを大人がわからせる

子どもが、自分なりにやっていくことは、たいへん結構なことです。自分なりに、賢くやっていってほしいのですが、そのことは、大人である私たちが、最初に教えてやらないとわかりません。13歳という年が、自覚的に自分を変革できる年であることを、あらかじめ子どもたちによくわからせておく必要があります。しかしこの時期は、同時に反抗期です。周囲の大人に、いろいろ言われたくないという時期でもあります。

ですから、「おまえもう13歳だろ。13歳になるとこれまでと全然違うよ。これからは、自分から賢くなろう、うまくなろうと思って、自分で考えてやってみると、結構できてしまう年なのだよ。そういうふうに考えると、学校の勉強なんかできるようになるのは、簡単なことだよ」と、こんな感じであっさり言ったらいいのです。

それを心配のあまり、細かいことまでぐちゃぐちゃと言ってしまうから、子どもの反抗をかえって深め、親が本当に伝えたいメッセージが、伝わらなくなってしまうのです。

★大人が教える自己変革

自分で自分なりにやっていきたい！
13歳
自分がどのように伸びるのだろう
自分のどこがまずいんだろう
どうしたらいいかを考える
できるだけ早く解決するにはどうしたらいいか
自分で考えてやってみると結構できてしまう年なのよ
伝えたいメッセージはあっさり言ったほうがいい

子どもが得ようとしていることを親が先回りして教えない

子どもが自分から、自主的に何かをしようと思ったとき、よほど無理なことをやろうとしているのでない限り、その子にとって必ずプラスになります。

なぜならば、自分がそれをやるために、これからどのように伸びていくか、まだできていないところはどこかなど、自分ではっきり認識し、これからどうしていけばいいかを、自分で考えることになるからです。さらに、がまんすることも覚えます。ちょっとがまんしてやれば、やりたいことが身につきます。それが先の先で、開花してくるというわけです。

しかしここで、親が注意しなくてはならないことは、子どもが悩んでいることや得ようとしていることを、先回りして教えてしまっては、なんにもならないということです。教えてしまったら、子どもはもうそれ以上賢くはなりません。あくまでも、子どものほうから主体的に、それを解決していく状態をつくらないと、決してそれ以上賢くはならないのです。親御さんは子どもに対して、その意識を常にもち続けていなくてはなりません。

★親が先回りして教えない

自分の地下鉱脈を掘り下げる大切なのは自分の内部を掘り深めること

昔一人前の職人になるには、10年ぐらいはかかるといわれていました。その間に覚えることは、道具の使い方と材質の見極め方、そしていっしょに働いている人たちと自分の関係でした。こうして職人としての在り方がいったん身につくと、仮に職を替えたとしても、今度は3年ぐらいで一人前になれてしまいます。12歳で徒弟に入って、10年奉公して木工職人になったとします。22歳でガラス工芸職人に移ったとしても、今度は3年ぐらいで本物になれるわけです。最初の10年間の修業には、単なる技術を学ぶこと以上の何かがあったのです。おそらく、仕事を覚えようという気持ちに目覚める期間だったのです。

自分で自覚し、自己変革を行いながら成長していくということは、ここで紹介した職人の修業の期間に似ていながら、さらに純度の高いものとしてとらえることができます。

自分で自分の地下鉱脈を掘り下げていくと、親を超える何かが、必ずその下から出てきます。大切なことは、自分の内部を掘り深めることなのです。

★自分の地下鉱脈を掘り下げる

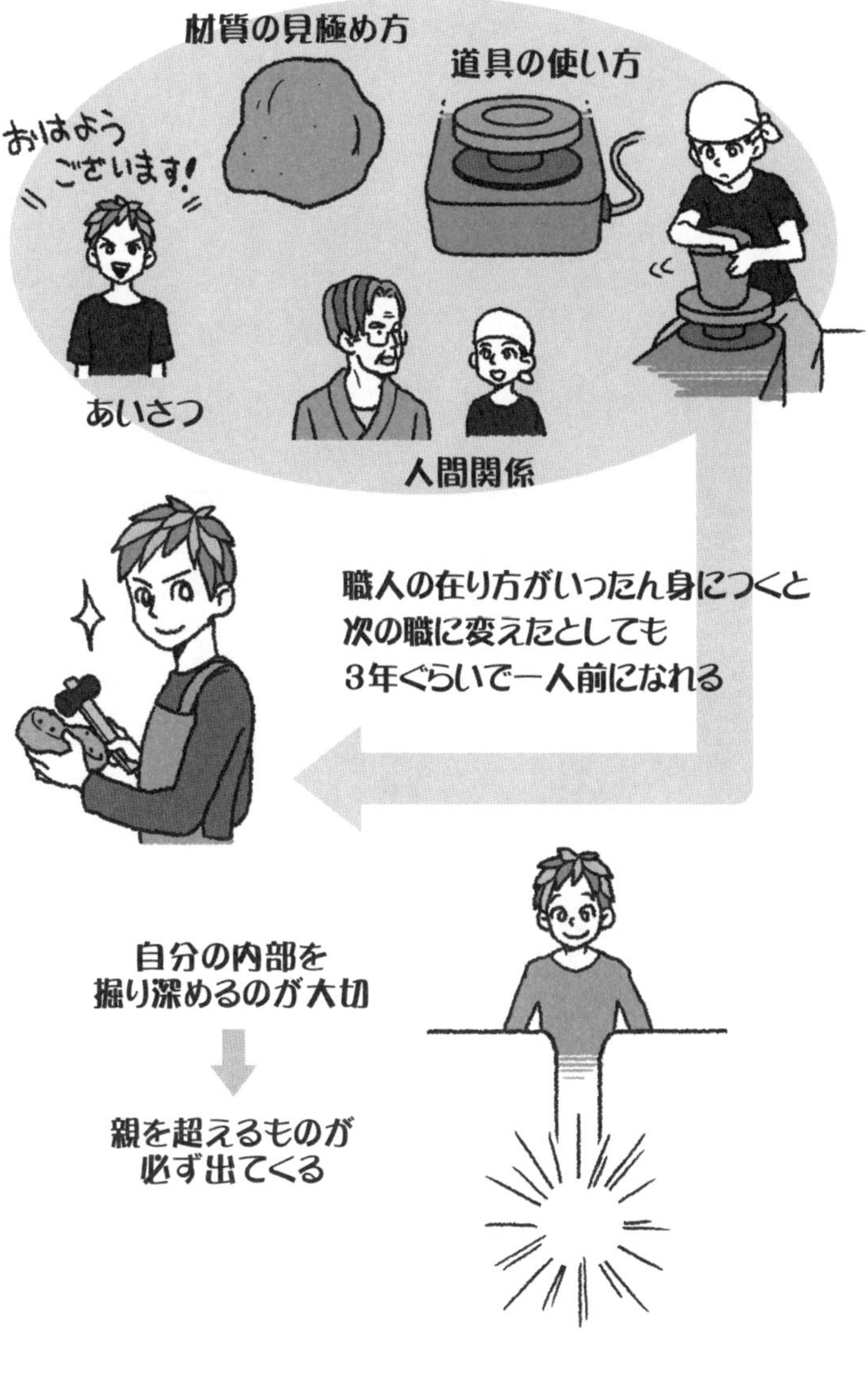
材質の見極め方
道具の使い方
おはようございます!
あいさつ
人間関係
職人の在り方がいったん身につくと
次の職に変えたとしても
3年ぐらいで一人前になれる
自分の内部を
掘り深めるのが大切
親を超えるものが
必ず出てくる

ちょっとしたことにも素通りせず なんでも主体的におもしろがれる子ども

じつは子どもたちに、本当にいいことを教えてくれるのは、町のなかにいるふつうのおじさんやおばさんだということが多いのです。近所で出会った植木を切っているおじさんが、とてもいいことを教えてくれたり、買い物帰りのおばさんが、「そういうことをしちゃあいけないんだよ、その理由はね」とやさしく諭してくれたりします。その子にとって、知恵のきっかけになるものを、周囲の大人たちが教えてくれるのです。私はそういうことを包括して、カルチャーと呼ぶのだと思っています。

でも近所の人に声をかけてもらうためには、ちょっとしたことにも素通りせずに、立ち止まっておもしろいと思える子どもになっていなければなりません。自分からおもしろがれる子どもになっていなければ、近所の人だって、本当にいいことを教えてはくれません。なんでも主体的におもしろがれる子どもにする。こういうことは、学校や塾では教えてくれません。だから親が教えていくしかないのです。

★なんでもおもしろがれる子ども

知恵のきっかけになるものを
周囲の大人が教えてくれる

自分のほうから
どんなときでも
おもしろいと思うものには
立ち止まってみる習慣を

自分の可能性や潜在性は一生懸命のあとに現れる

何かを一生懸命やっていると、自分のなかの可能性や潜在性が、水のようにだんだんにじみ出てきます。一生懸命やっていないと、「おれには何もないんだ、できないんだ」ということで終わってしまいます。しかも水は、思ったよりも深いところからにじみ出してくるものです。うんと深く努力して、「ほう、こういうふうにできているのか」と、やっと物事が理解できるものなのです。

また努力して物事を深く突き詰めていると、周囲の人たちと話したり、付き合ったりしているうちに、「このことは、おれはできるが、ほかの人にはできない。このことについて、誰もおれと同じ言い方をしない」と思うことが出てくるはずです。

自分の賢さに気づくのは、そういうときです。でも自分の賢さは、何かを主体的に一生懸命やったあとでないと、自覚することができません。自分のなかの可能性や潜在性を、引き出すための努力をする。そのスタートラインが13歳なのです。

★努力のあとに可能性が表れる

たくさん努力すると
自分の能力を自覚できる

一生懸命やってこないと

これからの男の子は〝おもろい男〟を目指すべき

これからの男の子は、将来〝おもろい男〟を目指すべきだと思います。〝おもろい〟というのは、「うちの旦那は、いろんなことをやっていて、いるだけで十分おもしろい。そんなに稼いでいるわけじゃないけど、これで十分やっていけるし、子どもの親としても申し分ない」と、奥さんから思われる男性です。これからは女性のほうも、そういう家庭が築けそうな男性と結婚したいという発想が、多くなっていくのだと思います。

もう一歩時代を先取りして、これからは、労働力は女性に担ってもらうという時代を、想像するのも悪くありません。旦那は稼いでいなくて、家で子育てと家事をやっています。もちろんあれやこれやと、自分のやりたいこともやっています。一方奥さんは外で稼いで、夜帰ってきます。自分を変革する能力のある人間は、男だから洗濯はしないとか、女房のパンツはたたまないとか、そんなことは言いません。逆にどんどん率先して行う時代に入ってきています。そんなわが子の将来を考え、〝おもろい男〟を目指すのです。

★"おもろい男"を目指す

うちの旦那といると
なんかおもしろい
自分を変革する
能力がある人間は家のことを
どんどんやる そういう時代!

家事ができる男
これが〝おもろい男〟の条件

では〝おもろい男〟の条件とは何か。一言でいえば、家事ができる男ということです。前から見ていて気づいたことですが、家事をやらない男は、離婚されることが多いようです。男が家事をやっていれば、なんとかなります。相手が負担になることを、自分から進んでやっているのですから、ほかに問題があったとしても、離婚にまで発展することはめったにありません。共同で生活をしているわけですから、考えてみれば当然なことです。

例として、ごみ捨てを取り上げてみましょう。奥さんが、朝起きたままの格好で、台所でお弁当を作っています。そのあと着替えて、ごみ捨てに行くというのもたいへんだから、今自分がさっさと出してしまおうと、主体的に思えるかどうかということなのです。

男が自分のほうから、進んで家事を主体的にやらなければ、男女共同参画にはなりません。そういう男にならなければいけないのです。そういう男でなかったら、今はやりのイクメンになる資格もありません。イクメン以前の能力に問題があるからです。

★家事ができる男

家事をしない男は
離婚される

家事をしていれば
なんとかなる

自分のほうから主体的に
進んで家事をする

家からさっさと追い出すためにおすすめしたい早めの結婚

人間が熟成するのは、本来は30歳ぐらいなのですが、早いうちに2歳ぐらい年上の女性と結婚して、1回目の子づくりを済ませます。そして30歳前にふたり目の子どもをつくる。子どもにそんな人生設計をすすめてみるのはいかがでしょう。早婚のすすめです。

結婚をして子どもをつくると、本人の考え方がまったく違ってきます。将来に向けて、しっかりとした考えをもつようになります。ブラブラしているくらいなら、いっそ早めに結婚して、子どもをつくったほうが、よほど前向きな生き方です。次のページでお話ししますが、仮に4人子どもをつくろうとするのなら、かなり早い結婚が望まれます。

そのためには収入のことなど、クリアしなくてはならない課題がたくさんあるはずですが、それを乗り越えていくこともまた、主体的に生きることにつながります。

これを親の側から見ると、まだ子どもが親と同居しているようなら、早めに結婚させて、さっさと家から追い出してしまいなさいということになります。

★早婚のすすめ

子どもをつくるのは
なるべく早く
したほうがいい

25歳で子どもができたら
43歳で子育てがおしまい
残りの人生は自分の自由

子どもに考えるくせをつけさせる条件
それは将来4人の子どもをつくること

私の教室に来る男の子に、私はこんな質問をします。「君たちは、私に習いたいか?」。子どもたちは、みんなうんと言います。すると私は、「でもそれには条件があるよ」と以下の条件を提示します。それは、将来4人の子どもをつくろうとすることです。4人子どもをつくろうとすると、そのために、いろいろなことを考えなければなりません。将来4人の子どもをつくることを前提に、子どもたちに考えるくせをつけさせたいのです。

4人の子どもをつくるというのは、30歳前にふたりつくって、30歳過ぎてからまたふたりつくるという設計になります。30歳前にふたりの子どもがいる段階で、収入を想定すると、夫婦合わせて年収700万円ぐらいが必要となります。もし奥さんが専業主婦だとすると、28歳ぐらいで年収700万円をひとりで稼ぎ出さなくてはなりません。「現在の世のなかのシステムでいったら、通常ここまではとどかないから、ほかのやり方がないかと考えることが大切だよ」。こんな具合に、子どもたちに考えるくせをつけていきます。

★将来4人の子どもをつくる計画①

将来、子どもを4人つくるようにすること

私は働けないよ

年収700万円必要

ほかに何かやり方は…
考えることが大切!

4人の子どもをつくって養うにはどうしたらいいかを真剣に考える

子どもを4人つくる話を続けます。

30歳を過ぎて子どもが4人になったとき、夫婦合わせて年収は、いくら必要になるでしょうか。おそらく手取りで、1100万円ぐらいは必要となります。手取りでその金額を稼ぐとすると、年間で1800万円ぐらいの収入がないと無理ということになります。1800万円のうちの40パーセントぐらいを税金にとられ、そのほかにも社会保障費など、いろいろな支出があるからです。

こう考えると、よほどのお金持ちでない限り、4人の子どもはつくれないということになってしまいます。現状では、子どもを4人つくれる政策が行われていないのです。

こうした世の中の裏をかいて、4人の子どもをつくって養うには、どうしたらいいかを考えろと子どもたちに言います。「考えるということは、ただなんだから、考えたほうがいいよ」と、こういう具合に、子どもたちといっしょに、彼らの将来を考えていきます。

★将来４人の子どもをつくる計画②

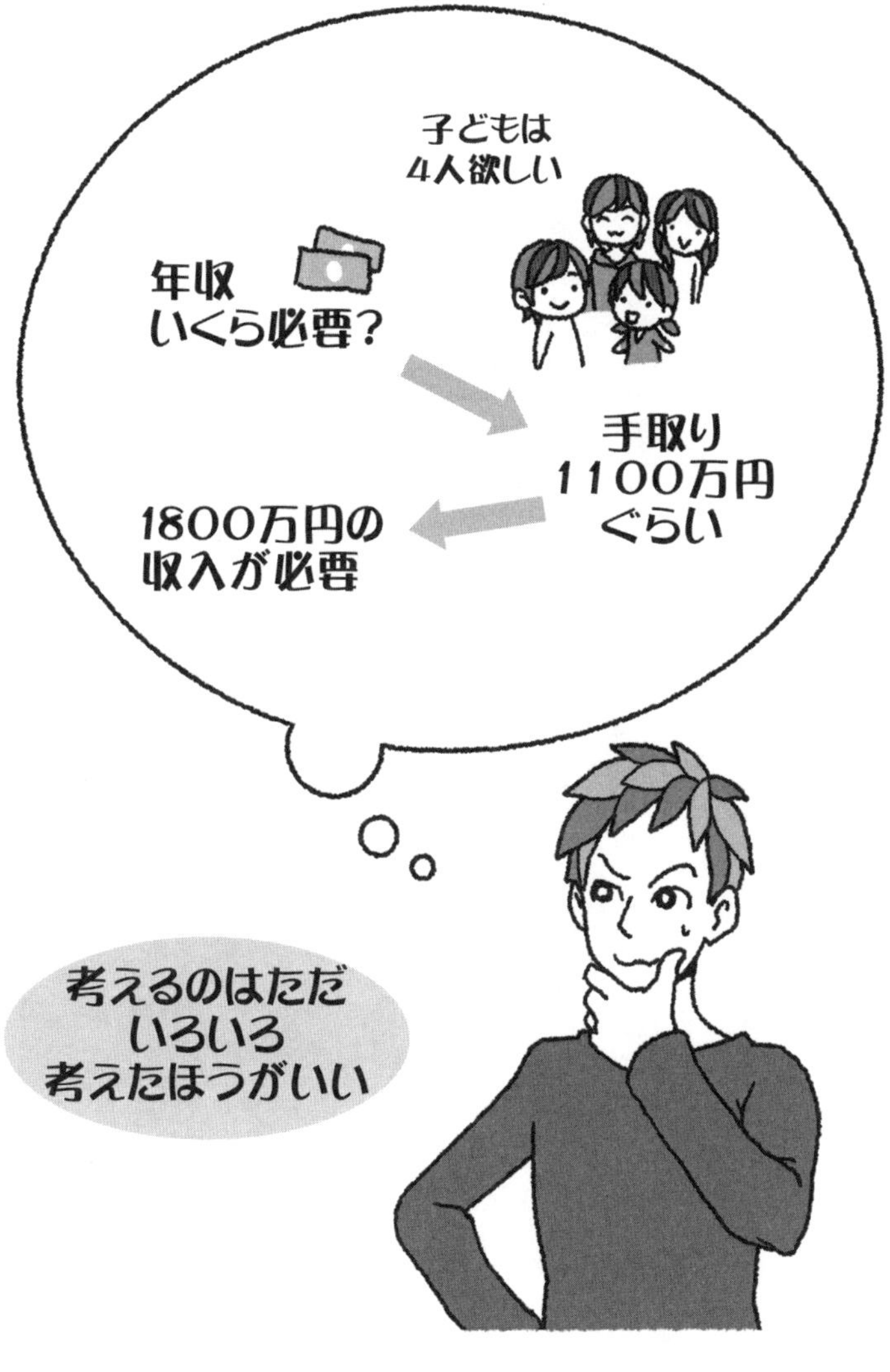
子どもは
4人欲しい
年収
いくら必要？
手取り
1100万円
ぐらい
1800万円の
収入が必要
考えるのはただ
いろいろ
考えたほうがいい

恥ずかしくない生き方をするために結婚する相手を今から想定

私の教室に通うためには、もうひとつ条件があります。それは将来結婚するであろう相手を今から想定し、その人に会ったときのことを考えながら生きるということです。

「君は今13歳か？　10歳以上年下の女性と結婚すると思うかい？」と、私は教室に来た男の子に質問します。「いや、まずないと思う」と、生徒は答えます。

「じゃあ、君が将来結婚する女性は、もう生まれているよ。この地球上のどこかを歩いている。それは福島かもしれないし、オーストラリアかもしれない。中国かもしれないし、ヨーロッパかもしれない。でも必ずどこかにいるはずだよ」

その人に会ったときのことを今から考え、「あなたと結婚したい。あなたと結婚できるなんて、千載一遇のチャンスだわ」と、彼女が思うような生き方をしなさい。将来、結婚したいと思う女性に出会ったとき、その女性に対し、恥ずかしくない生き方をしなければならない。私はこういうふうに、生徒たちに男の生き方を教えています。

★結婚相手を想定する

結婚したいと思う女性に出会ったときに
恥ずかしくない生き方をする

私の教室の男の子が守る条件
主体的な生き方と生きるための倫理観

私の生徒たちが、結婚したいと思う女性に、プロポーズするときがきました。

「ぼくはいい男だよ。頭もいいし、人にだまされもしないし、しっかりしてるよ。家事もよくやるし、芸術も好きだよ。ほかにもいろんなことができるんだ、だっていろんなことをいっぱい経験してきているんだから。そしてできたら、子どもは4人つくるつもりだ」

こんな感じのことが言える人間にしようと、私は常々生徒たちと接しています。

①結婚して、4人の子どもをつくるということを想定する。

②将来結婚するはずの女性に対して、恥ずかしくない生き方をする。

この2つを守ることができるかと言うと、生徒たちは全員、守れると言います。いやだと言った生徒は、ひとりもいません。

少々変化球が過ぎますが、私はこういうふうに、自分で主体的に考える生き方と、生きるにあたっての倫理観を、生徒たちに語っています。

★生きるための倫理観

ぼくは
いい男だよ
頭もいいし
だまされもしないし
しっかりしてるよ
家事もよくやるし
芸術も好きだよ

こういうふうなことが
言える人間になろう

COLUMN

● 私のすすめる受験術① ●

本格的な大学受験勉強は17歳からで十分

主体性のある子どもを育てることこそ、子育ての本質、これをテーマに本書を書きました。ですから本書では、あえて受験勉強については触れていません。しかし、私も教育コンサルタントとして、受験についてまったく触れないわけにはいきません。そこでコラムでは、受験勉強の心得についてのお話をしたいと思います。

まず受験勉強は、最低限の期間にすべきです。受験勉強を何年も続けていたら、せっかく育てた主体性のある子どもが、主体性のない子どもになってしまいます。主体性のある子どもは、興味のある本をたくさん読みたいでしょう。音楽や絵画などの芸術にも親しみたいし、友だちと話もしたい。恋愛だってしたいのです。そういうものを、すべてシャットアウトしてしまったら、将来つまらない人間になってしまいます。

だから本格的な大学受験勉強は、17歳からやればいいのです。でなければ、大学付属高に進学するべきです。

第2章

★13歳になる前に つけておきたい能力

13歳までにつけておくべきこと まず第1番目に体力

第2章では、13歳までにつけておかなければならないことについてお話しします。これらのことは、本来、13歳までに培っておかなければならないことですが、今からでも遅くはありません。たりないものは、たりないと思った時点で蓄積すればいいのです。

13歳になるまでに、つけておかなければならないこと、それはまず体力です。体力のすごくある子と、病みがちで弱い子、実際は人それぞれですが。いずれにせよ、何かを行うための基本となるものですから、体力をつけておくことは大切です。

マンションのような狭いところに住み、外で遊べるところも限られている現代は、子どもの体力をつける機会を、極端に減らしてしまいました。原っぱで跳躍するとか、高いところに登るとか、どんとぶつかって転がるだとか、小さいときに、そういうことがいっぱい体験されていることが、本当は大切なことなのです。子どもたちが、群れて遊ぶということは、そういうことが起こりやすい、とてもよい環境なのです。

★まず体力をつけておく

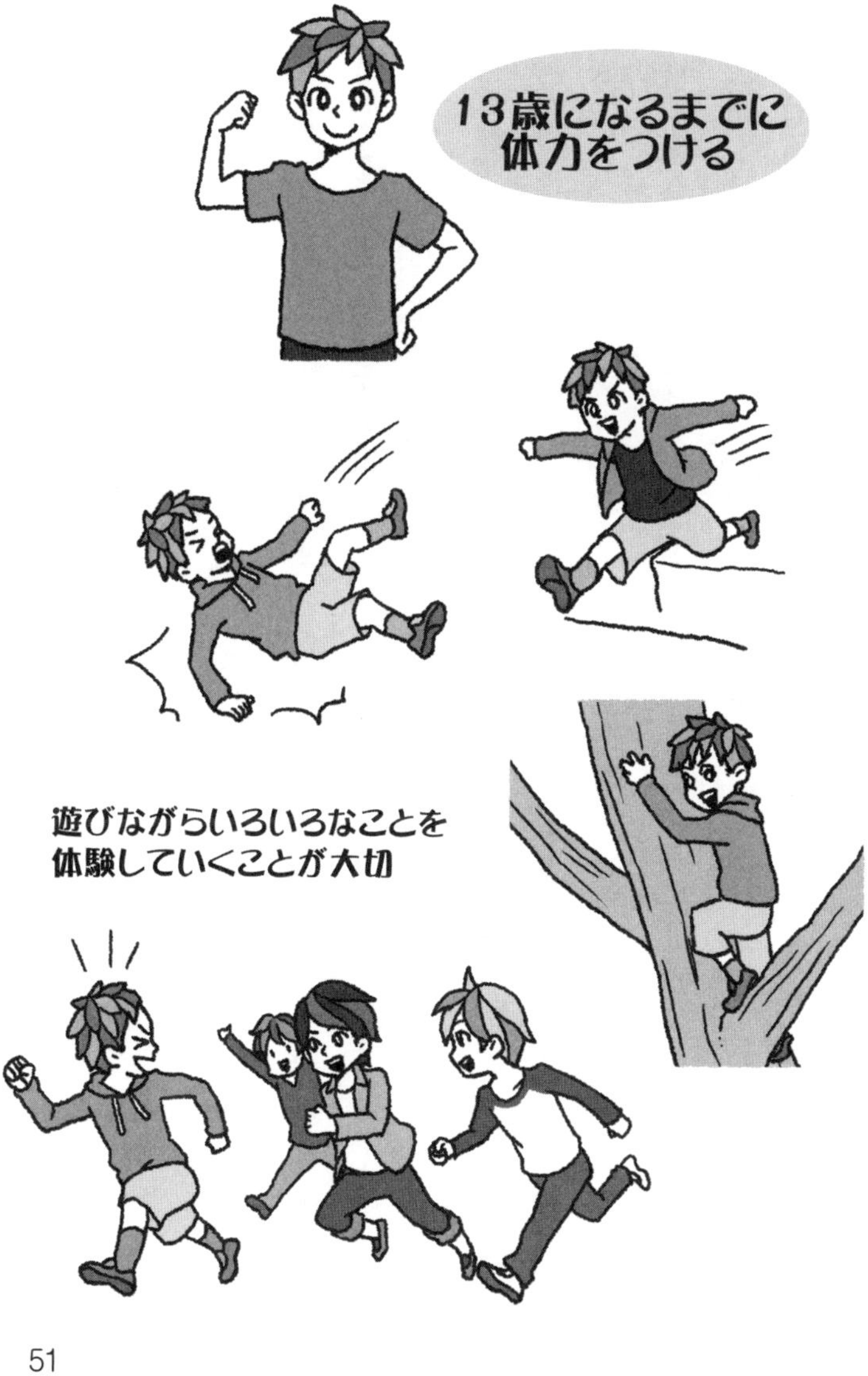
13歳になるまでに
体力をつける
遊びながらいろいろなことを
体験していくことが大切

親が環境を整備して子どもを群れて遊ばせる

昔の子どもは、ほうっておいても群れて遊ぶことができました。いたるところが、子どもの遊び場だったからです。でも今の子どもは、そういう環境に恵まれていません。ではどうしたら、現代の子どもを群れて遊ばせることができるのでしょうか。それはもはや、親が群れて遊べる環境をつくってやらなければ成立しません。

たとえば家族でキャンプに行って、たき火をしようと計画したとします。そのとき、家族だけで行くのではなく、お友だちも誘ってキャンプに行くようにするのです。場合によっては、おとうさんがふたり、おおぜいの子どもたちを引き連れて、キャンプに行って、たき火をするという手もあります。そうすれば子どもたちは、たき火を囲んで、わいわいがやがやと群れて遊び始めます。

子どもたちが、群れて遊べる機会をつくってやる。今の時代ではこういった環境を、親が考えてあげなければ、子どもたちが群れて遊ぶことはできません。

★子どもを群れて遊ばせる

昔は、いたるところが
子どもの遊び場に
なっていた
現代は、親が
群れて遊べる環境を
作ってやらなければ
成立しない

人生の土台づくりには具体的な体験偶発的な経験が重なればなおよし

こんな事例がありました。子どもを外へ出させる協定を、同じ地域の親御さんが結んでいるのです。雨が降っていない日は、親御さんが電話で連絡を取り合って、子どもを外へ遊びに行かせる。つまり、群れて遊べる環境づくりをしているのです。今公園へ行くと、女の子は元気に遊んでいますが、男の子は隅に座って携帯ゲームをやっている光景をよく目にします。そこでここの親御さんたちは、ゲーム機を外へ持っていくことも禁止しているそうです。周囲が協力して、子どもたちが群れて遊べる環境をつくっているわけです。

人生の土台づくりに必要なのは、具体的な体験です。しかもそれが、偶発的なことであれば、さらによりよい体験となります。声がして振り向いたら、前の石につまずいて痛い目に遭うかと思ったけれど、ひざ小僧を擦りむいたくらいですんだとか、いつもぶらさがっていた木にジャンプしたら、体重が増えていたので下に落ちたとか…。そういう具体的で、偶発的な体験が大切です。そのためには、外で群れて遊ぶのがいちばんなのです。

★群れて遊べる環境づくり

周囲が協力して子どもたちが
群れて遊ぶ環境をつくってやる

ゲームをやっている子どもには同時にスポーツもやらせなさい

群れて遊ぶことが、子どものときには大切なことなのですが、家にいるのが好きな子どももなかにはいます。そういう子どもは、たいていひとりでゲームをやっています。

ゲームをやっている子どもには、同時にスポーツもやらせておかないとだめになってしまいます。ゲームをやってスポーツもやったら、勉強をする時間がないじゃないかと言われそうですが、ゲームをやっている子どもは、不健康になりがちです。そこでスポーツの力を借りて、健康的に生きるのです。

しかしそういう子どもは、スポーツが苦手なことが多いようです。でも、苦手であれば苦手なりに、なんらかの形で、スポーツに親しんでおいたほうがいいのです。水泳をしてもいいし、卓球をしてもいい。ランニングのコーチをつけて、走ってみてもいいのです。あまり体力や技術に関係なく、それなりにやれるものをやらせます。

小さいときから、体を動かすことに、慣れさせておくことは大切なことです。

★スポーツの必要性

ゲームをやっている子どもたちは
不健康になりがち

苦手であればあるほど
何かしら運動をしたほうがいい

スポーツごとの利点と欠点 親はそこを見極めてスポーツを選ぶ

前のページでは、小さいときからスポーツで体を動かすことに、慣れさせておくことが大切だとお話ししました。しかしスポーツの種目には、それぞれ利点と欠点があります。親御さんはそのあたりを見極めて、子どものスポーツを選ぶ必要があります。

たとえば、リトルリーグに入る子どもがいます。野球は見ているときと違って、ルールが複雑で難しいスポーツです。そのためなのでしょうか、小学校の高学年になっても、いや中学・高校生になっても、上からの指示どおりにプレーするだけのスポーツになっている気がするのです。これは私が個人的に感じていることですが、野球をやると、自分から発想する人、自分から主体的に何かやろうとする人になりにくい気がするのです。

それに比べて、水泳などはわりといいと思いますが、ひとりでプールを泳いでいるだけなので、今度は群れて遊ぶという感じがなくなってしまいます。

親が子どものスポーツの種目を選ぶとは、そのあたりの見極めだと思います。

★スポーツの注意点

リトルリーグの
問題点

上からの指示で
プレーをする

監督が言ったから…
怒られるからやらなきゃ…

主体的になりにくい

自然とかかわりをもつことは子どもの成長にとって大切な要素

自然とかかわりをもつということも、子どもの成長にとって大切な要素です。

その手始めに、植物の栽培などはいかがでしょう。植木鉢かプランターに土を入れて、そこに植物の苗を植える。毎日水をかけて育てるだけで、自然とかかわりがもてるようになります。手をかけてやれば、植物はどんどん大きくなります。自分の植物がかわいくなれば、そこに生えてきた雑草や、葉についたアブラムシだってとれるようになるでしょう。植物栽培という実地体験を通して、いちばん身近な自然と交わることができます。

その先には自然体験があります。自然体験といっても、景色がいいところへ連れて行くだけではいけません。そこに行って牛に触ってみる、実際にポニーに乗ってみる、凧あげをしてみるとか、自然とかかわった実地体験をすることが必要です。言い換えれば、現代とミックスした、ちょうどいい原始的な生活を体験することといえます。そしてそのいちばん大きなものが、キャンプであり、たき火であると私は信じているのです。

★自然体験と実地体験

現代とミックスした原始的な生活
これがキャンプをさせる意義

現代とミックスした、ちょうどいい原始的な生活、それがキャンプです。私たちの生活には、水と火が欠かせません。でも、ふだんの私たちの便利な生活では、そんなことは意識していません。キャンプでは、まず子どもたちにそれを意識させます。

テントを設営して、ごはんを作ってみる体験をさせるのです。川から水を汲んできて米をとぐ、火をおこしてごはんを炊く。そのうちに火の面倒を見ていた子が、「ふーっと噴いたのを見つけたから、ごはんが焦げないでできたんだよね」などと言いだします。こういった経験は、子どもにとってたいへん貴重な体験だと思います。

キャンプにおける、親の立場も重要です。これが案外難しい。親はでしゃばりすぎてはいけません。子どもに責任をもった仕事を与えるのです。そうすれば子どもたちは、自分でまきを取りに行き、川にスイカを冷やしに行きます。これらの仕事は子どもにとって、みんな楽しい労働になります。そういうことをわからせるのがキャンプなのです。

★キャンプの意義

スイカ冷やしてきて
OK!!
子どもに責任をもった仕事を与える
ふー
ふだんの便利な生活以外のものがあることを体験する

いろいろ考えられるキャンプの方法

子どもをキャンプに連れて行く方法は、いくらでもあります。いちばん手軽なのは、集団キャンプの教室に参加するという方法です。またキャンプに慣れている人にお願いして、4～5人の子どもを連れて行ってもらうというやり方もあります。あるいは、おとうさんふたりぐらいが代表して、3～4軒の子どもを車で連れて行くというのもいいでしょう。

ただ最低でも1回は、親御さん自身が、キャンプの経験をしておいてください。経験をしておかないと、キャンプというものがどういうものかがわからず、そこでの子どもの行動も、想像がつかなくなってしまうからです。

私も生徒たちを連れて、年に数回キャンプに行っています。私の場合は、私とスタッフと子どもたちだけで行くことがほとんどです。なぜならば、子どもたちが親が来るのをいやがるからです。やはり子どもたちは、親の束縛から離れ、自由にキャンプをやりたいのです。そしてキャンプを経験した子どもたちは、みんな元気になります。

★キャンプの方法

集団キャンプに
参加する

キャンプに
慣れている人に
連れて行ってもらう

おとうさんが
車で連れて行く

テーマパークに行くよりも自然のなかで遊ばせよう

ここで、テーマパークについて、ちょっと触れておきます。楽しむように造られた娯楽施設で遊んで、いったい何がおもしろいのだろうと、私は常々思っています。張りぼてですよ、あれ。…テーマパークの人、ごめんなさい。おそらく、みんなも行っているし、噂になっているからくらいの理由で行くのでしょう。1回行くのはいいですが、何回も行っている人にいたっては、私にとっては理解を超える存在です。

やはり子どもは、テーマパークではなくて、自然のなかで遊ばせたほうがいいと思うのです。キャンプに行って、釣りをするとか、カヌーを漕ぐとかのほうが、子どものためには、よほどいい体験になります。

子どもたちをキャンプに連れて行くとき、途中で浦安を通ります。そのとき、テーマパークに入るために渋滞している車を見て、「ばかだな、あの人たち。なかへ入っても並ぶんだよ」と子どもたちが言うのです。

★テーマパークより自然のなかで遊ばせる

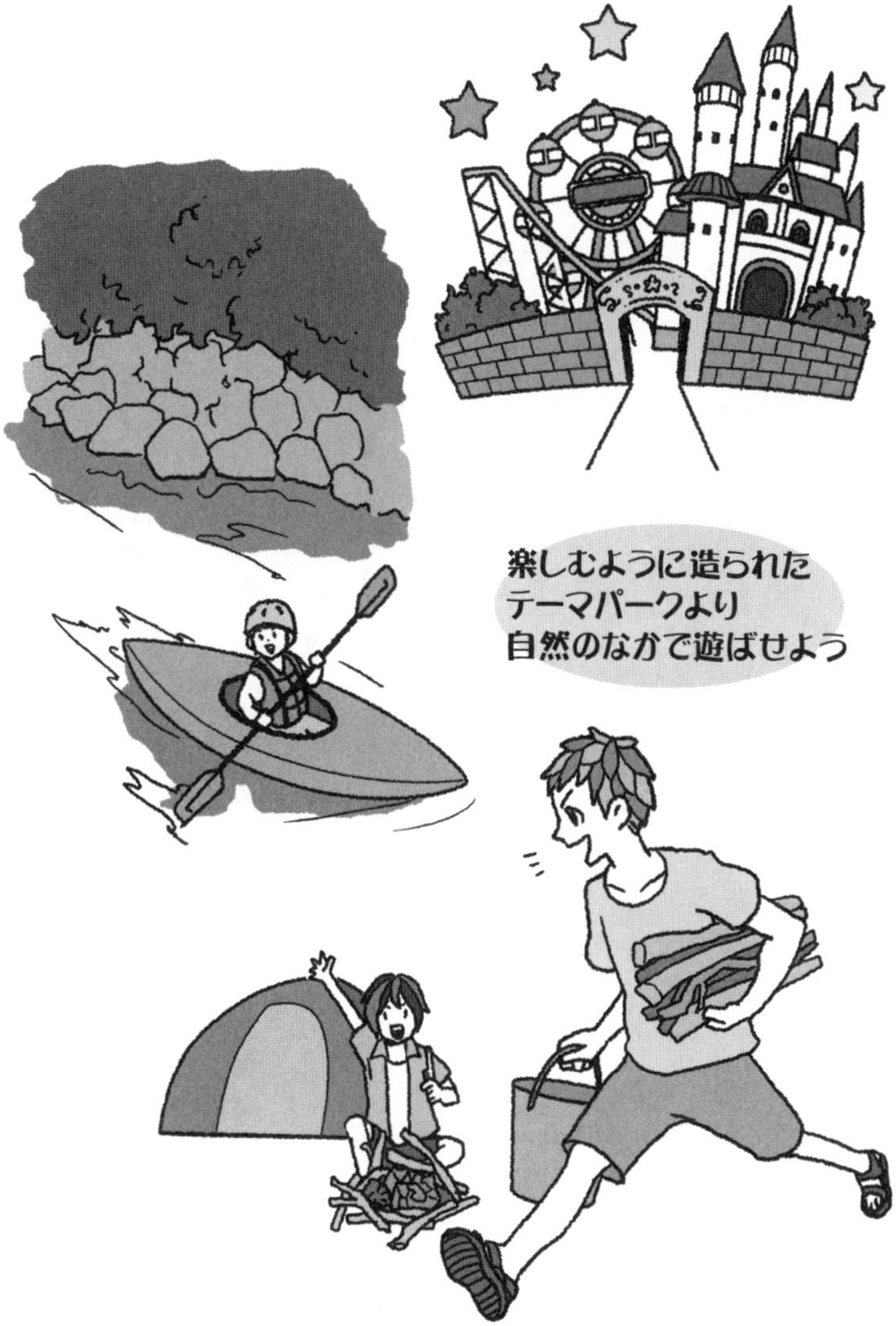
楽しむように造られた
テーマパークより
自然のなかで遊ばせよう

たき火は最高の能力開発
たき火で子どもが活性化

キャンプに行くと、たき火をします。たき火は子どもにとって、最高の能力開発です。たき火ぐらい、子どもが元気になって、活性化するものはありません。

今はオール電化になって、火というものが一見忘れられています。しかし、火というものがいったい何なのかということを考えると、私は、火こそが人間の知恵の元だったのではないかと思っているのです。火を見ることによって、人間は賢くなったのではないでしょうか。火を見ることによって、人間はしゃべれるようになったのではないでしょうか。火を見ることによって、人間は進化してきたのではないでしょうか。

私たちは、飽きることなく、ずっとたき火を見ていることができます。たき火の炎が、絶えず変化しながら、ものが燃えていくさまは、決して見飽きることがありません。

たき火の炎を見て過ごす時間は、私たちの頭にきわめていい効果を及ぼす、大切な時間である。私はそう直感します。

★たき火は最高の能力開発

たき火は
最高の子どもの能力開発
現代はオール電化で
火から遠ざかっている
人間は火を見ているうちに
進化してきた
火を見ることは
頭にいい効果を及ぼす

たき火の機会をたくさんつくり火から知恵の元をもらう

自然のなかで、火というものはめったにおきません。しかし人間は、火をおこすことを覚えました。しかも火は、面倒を見ていなければ消えてしまいます。こうして人間は、次第に火をコントロールすることを、学ぶようになりました。火とかかわることは、人間にとって究極の技だったのです。

つい60~70年前の日本では、火を使うことがあたりまえの生活でした。お風呂は火で沸かしました。かまどでの煮炊きにも火を使いました。火というものが、日常生活にあったのです。だから子どもは、家の手伝いをするだけで、火からエネルギーをもらうことができました。家の手伝いをすることで、火から知恵の元をもらっていたのです。

今の子どもたちは、火と接する機会が少なくなりました。だから子どもたちに、火と直接かかわれる環境＝たき火の機会をできるだけ多くつくってあげたいと思うのです。私は、そういう環境を子どもたちに与えることは、大人の任務であるとすら思っています。

★たき火の機会をたくさんつくる

自然との関わりを子どもに
与えるのは大人の任務
火との関わりは昔は
当たり前のことだった
子どもたちに
たき火の機会を
たくさんつくってあげる

そんなに手間をかけなくても たき火は十分楽しめる

たき火は、木を集めるところから始めると考えがちです。確かにそれが、たき火の理想です。木を集めることから始めれば、子どもたちは、「木はどういうふうに燃えるのかな」とか、「生乾きの木を入れるとどうなるのかな」とか、「木が燃え始めたら汁がぶちゅぶちゅ出てきた」とか、いろいろ考えることが尽きないでしょう。

木を集めるところから始めることは、とてもいいことなのですが、そう手間をかけなくても、たき火は十分楽しめます。私はよく、農家に頼んで、たき火をやらせてもらいます。燃えている火を、子どもたちと囲んで、みんなで見つめています。しかし子どもは、ただ火を見つめているだけではありません。植物のくずをたき火に投げ入れたり、火の周りを忙しく動いたりと、火に対してたえず何かをやっています。こんなとき、私はしみじみ思います。いかにたき火が、子どもにとっていいことであるかと。

わざわざ木を集めるところから始めるだけが、たき火の唯一の方法ではありません。

★手間をかけなくても楽しめるたき火

この枝って使えるのかな？
どういうふうに燃えるんだろう
木を集めることから
始めるのもとてもいいこと

農家に頼んで
たき火をやらせてもらう
手間をかけなくても
たき火は十分楽しめる

実地体験の時間を増やすために日常生活からテレビを捨てる

日常生活から、テレビを捨てるというのはいかがでしょう。テレビがまったくないと、世のなかの情報が入らず、不安になることがあるので、そこまでは言いませんが、ふだんあまり、テレビを見ないようにしませんかという提案です。

子どものうちは、身の回りのことにいいことがたくさんあります。積み木をやるでも、本を読むでも、なんでもいいのですが、実際に体験できることが、身の回りにたくさんあります。でもテレビがついていれば、子どもはテレビを見てしまいます。テレビを見ることで、子どもが実地体験できる時間を失っているのです。そういうわけで、親がよほどテレビを見たいという家庭でない限り、テレビはないほうがいいのです。まして、食事中のテレビは言語道断です。食事の時間は、家族同士で会話ができる貴重な時間です。

そこでテレビをリビングルームに置かず、寝室に置くというのはいかがでしょう。見たい人が寝室でテレビを見るような環境につくりかえるのです。

★日常生活からテレビを捨てる

日常生活から
テレビを捨てる
食事中のテレビは言語道断
テレビを見ることで
子どもが実地体験できる
時間を失っている
テレビは
リビングルームに置かず
寝室に置く

携帯依存症になる理由
日常のコミュニケーションに問題が

携帯電話を手放せない子どもがいます。その子の携帯は、年がら年中ピコピコ鳴っています。いわゆる携帯依存症です。なかには、すごい子もいます。携帯をやりながら、ヘッドフォンをして、自転車に乗っています。一種の天才かもしれません。

携帯依存症になる理由は、通常のコミュニケーションがとれていないか、携帯依存症になっている人から伝染しているかのどちらかです。いずれにしても、コミュニケーションの不足が原因で、起きたものと思われます。日常生活のコミュニケーションの在り方に問題があるので、携帯依存症になってしまうのではないでしょうか。

これは13歳を過ぎたら、もうどうしようもありません。本人が勝手にやっているのですから。なってしまったものは仕方がないですが、できれば13歳になる前に、そういうことはつまらないことだ、こんなことを長い時間やっていても意味がないというニュアンスのことを、刷り込んでおいたほうがいいでしょう。

★携帯依存症になる理由

依存症の人からの伝染
コミュニケーション不足

携帯を長時間
やっても意味がない
というニュアンスのことを
13歳以前に刷り込んでおく

人間は自己表現をしたい動物 そんな気持ちが携帯依存症に

ここでは、携帯依存症と人間の自己表現との関連についてお話しします。

なぜ携帯依存症などという現象が起こっているかを考えてみると、自分を自己表現したいという欲求からきているのだと思います。

人間というのは、フランスのラスコーの壁画を見てもわかるとおり、太古の昔から、自己表現をしたい動物なのです。大事件を起こして、立てこもっている少年を、警察官が説得するときは、「もう十分アピールしたじゃないか」と言います。「君は十分アピールしきっているよ、これ以上アピールしてもしかたがないよ」と。

携帯依存症になっている人たちは、塾とかクラブ活動、そのほかのことに時間を割かれ、自分の時間がたりなくなり、自己表現ができなくなっている人たちなのではないでしょうか。それでも人間というのは、自己表現したい動物で、なんとか自分のことを表現したい。そんな気持ちから、携帯に頼ってしまうのだと思います。

★自己表現不足から携帯依存症に

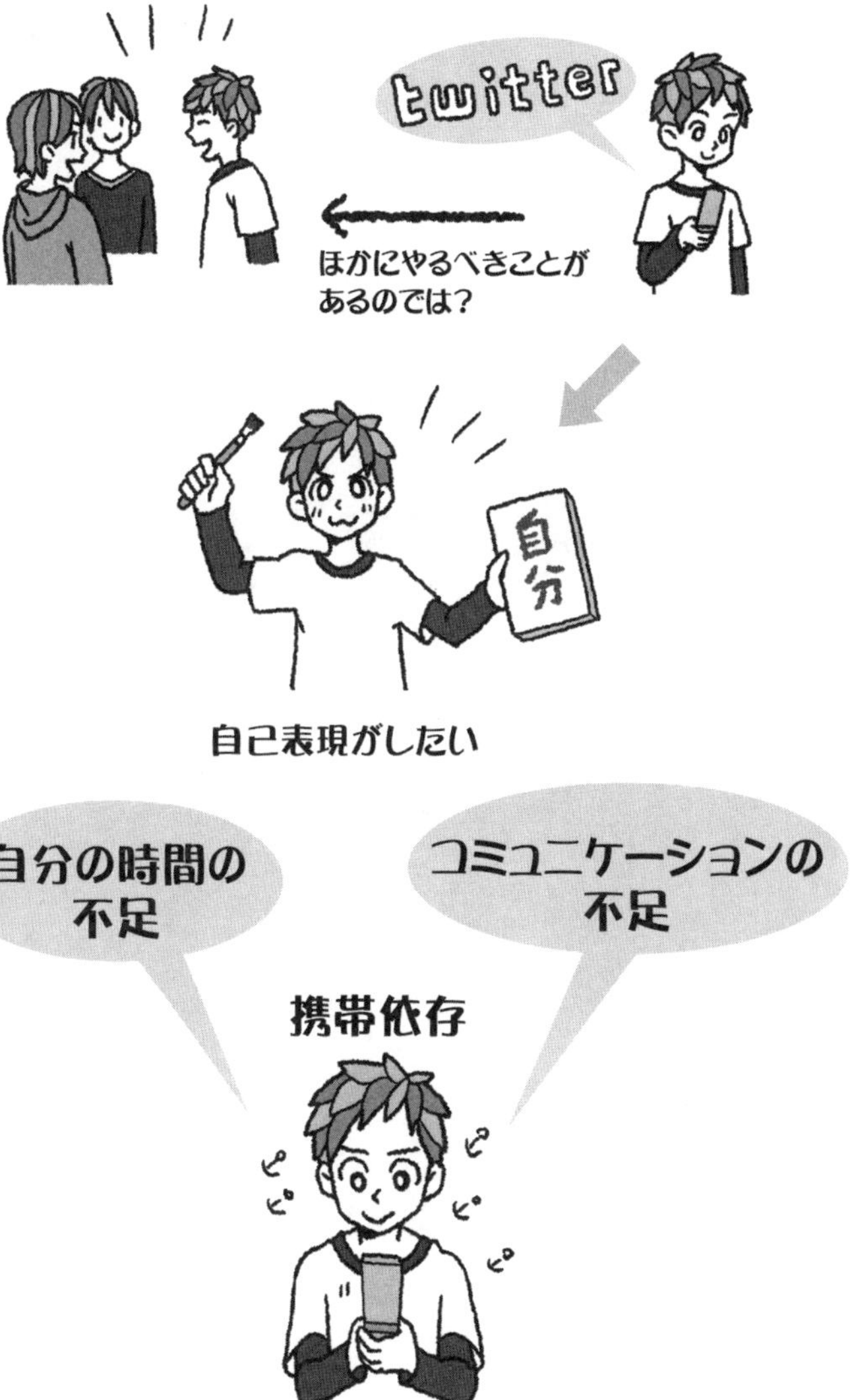
twitter
ほかにやるべきことがあるのでは？
自分
自己表現がしたい
自分の時間の不足
コミュニケーションの不足
携帯依存
ピピ
ピピ
ピピ

勉強ができない子どもに多い外出時のヘッドフォン

外出時のヘッドフォン。これは危ないからやめてほしい、おじさんとしては。でもそれだけではありません。外出時のヘッドフォンで心配になることが、さらにふたつあります。

その1。教室の窓から見ていると、授業が終わって教室を出ると、すぐヘッドフォンをする子どもがいます。そういう子どもに限って、勉強ができるようになりません。先入観かもしれませんが、これが私の経験です。授業が終わって、ドアを閉めたら、すぐヘッドフォンで元に戻る。教室で学んだことを、もう忘れるほうに向かっているような気がするのです。こうした子どもたちは、勉強ができるようには、なりにくいと思います。

その2。外出時にヘッドフォンをして、頭のなかで音が鳴り続けているということは、脳にとってよくないことのような気がします。そんなことより外出のときは、外の音に注目したり、外のものを観察したりしたほうがいいと思います。もっともヘッドフォンで、外の余計な喧噪をさけるほうがいいという説は、今でもありますが…。

★外出時のヘッドフォン

外出時の
ヘッドフォンは危険

ヘッドフォンをして歩くより
いろいろ外を観察するほうがいい

自分の身の回りのことは自分でできる習慣をつける

13歳になる前に、自分の身の回りのことは、自分でできる習慣をつけておきたいものです。たとえば、自分の衣類が干してあったら、たたんでしまうといった習慣です。人のものはやらなくていいのです。そのかわり自分のものだけはしっかりやる。自分でラーメンを食べたとします。流しが汚いとあとから使う人が困るから、スープを捨てて、どんぶりを洗ってかごに入れる。ここまでは手伝いではありません。自分の身の回りのかたづけをしているだけです。でも最低ここまでは、できる習慣をつけておきたいものです。

それができるようになると、おかあさんの家事の手伝いまで、気が回るようになります。洗濯機がとまって、おかあさんは洗濯物を干さなければなりません。でも今日は自分の洗濯物が多くて、しかもおかあさんは忙しそうだから、かわりに僕が干しておこうとか…。

いくら子どもでも、雨が降ったとき洗濯物を取り込まなかったり、外に干していた傘が遠くに飛ばされても、拾ってこないのはおかしいと思うわけです。

★身の回りのことは自分でする

自分のものだけでいいから家庭内でできることをする

自分のことは自分でできる子ども
これはひとえに父親の実践がカギ

身の回りのことは、自分でできる子ども。これはひとえに父親の行動にかかっています。身の回りのことすらできない父親のもとで、子どもにそれを強いても無理があります。

「男女共同参画体制」という言葉があります。これを、男と女には共同の役割もあるから、男もそれをしなければいけないと解釈する人がいます。しかし〝しなければいけない〟という考え方は、主体的でないからだめなのです。これからは「気が付いたらやっちゃう」おとうさんが求められています。「かみさんも働いているのだから、おれがかたづけておこう。今かたづければ、あとの人はほかのことがやれていいじゃないか」という具合に。

とくに自分が使ったところ、風呂、トイレ、玄関、台所、テーブルの上などは、あとから使う人が不愉快にならないように、元に戻すのがあたりまえなことなのです。これからの父親は、それくらいのことができなければいけません。雨が降っても洗濯物を入れない父親と住んでいる子どもに、洗濯物を取り込めと言ってもおそらく理解できません。

★父親の実践

こういうおとうさんにはなりたくない極端に何もしないおとうさんの例

これからの父親は、身の回りのことくらい、自分でできなかったら、家族から白い目で見られてしまいます。雨が降っても、洗濯物を取り込まない父親と、いっしょに暮らしていたところで、なんのいいこともありません。

ふつうのおとうさんは、雨が降ってくれば、洗濯物を取り込むと思うのですが、世の中には、そういうことをしないおとうさんもいるのです。

こんな話を聞きました。雨が降っても、洗濯物を取り込まない。電話にも絶対出ない。お茶を入れてあげても、ありがとうはおろか、返事もしない。旦那さんのほうは、これでいいと思っていたそうです。奥さんがどんな気持ちでいるかとか、どんなに困っているかとか、いっさい考えたことはなかったそうです。結局奥さんは、うつ病になって、病院に入院してしまいました。信じられないようなひどい話です。

これは、極端な例ですが、世のおとうさんも、これをもって他山の石とすべきです。

★何もしないおとうさんの例

こういうおとうさんにはなりたくない

電話にも絶対出ない
雨が降っても
洗濯物を取り込まない
……
お茶をいれてあげても
返事もしない
奥さんが
どんな気持ちでいるか
どんなに困っているか
いっさい考えない

小さいころから身につけさせたい「なんで」と「なるほど」

13歳から始める本格的な勉強の前に、事前にどんな能力をつけておけばいいのでしょうか。それは、本が読めて、自分の考えを文章にまとめることができる国語力、数値を頭のなかのイメージで動かすことができる暗算力、パズルなどで試行錯誤の訓練を積んでいることです。でもこれは理想です。ただし、本が読めないところから始めるのは、つらいと思います。本が読めるようになっておくことは、最低限必要なことだと思います。文章を読んで、内容が理解できるようになっていれば、あとは13歳からの勉強で追いつきます。

もうひとつ。小さいころから受け身でなくて、自分のほうから「なんで」と聞いて、「なるほど」と納得する習慣をつけさせておきましょう。「なんで」と聞ける子どもと、「なるほど」と言える子どもは、なかなかできるし、これからも伸びます。「なんで」と聞ける子どもが、伸びることはおわかりでしょう。「なるほど」と納得できる子どもも、どういうことなんだろうと思っている意識が、本人にあるということなのです。

★「なんで」と「なるほど」

国語力
試行錯誤の訓練
1+1=2
35+21=56
%
計算力
自分の
考え方を
まとめられる

なんで？
なるほど！

「なんで」と「なるほど」を
子どもに言わせる習慣を

「なんで」と「なるほど」はわが家のクセ「なんで」と「なるほど」力を鍛える

子どもに、「なんで」と「なるほど」を言わせるように仕向けておいて、子どもが言った場合には、それを言うのはいいことだとほめてあげる。これをわが家のクセ＝習慣にしてしまえばいいと思います。

「なんで」と子どもが聞いてきたら、「なんでかねえ、いっしょに考えてみよう」と、まず子どもといっしょに考えます。そして最後に、「これはこうなっていて、それはこういう事情があるからだよ」と教えてあげれば、子どもは「なるほど」とうなずくでしょう。そして、「なんで」と「なるほど」をほめてあげれば、子どもはふたたび、「なんで」と質問を投げかけてくるでしょう。

子どもの「なんで」と「なるほど」を大切にしてあげましょう。これが学問のもとなのです。「なんで」と思うことがなくて、その先を勉強する気にはなれません。「なるほど」と思う気持ちがなければ、それ以上にステップが上がっていくことはありません。

★「なんで」と「なるほど」力を鍛える

クセにする

できる友だちの技を盗む真の教師は隣の友だち

私は子どもたちに、いちばんの教師は隣の友だちだよと、常々言っています。自分よりできる友だちは、どういうことをしているのかを、とくと観察して盗みたまえ。それがもっとも大切なことなのだよ。友だちがきれいに字を書いていたら、君もきれいに書くんだよ。友だちが早くきれいに字を書いていたら、君も早くきれいに書けるようにするんだよ。そうすれば、君もできるようになるからね、と。

同年齢の子どもたちで遊んでいて、背の高さも体力も同じくらいなのに、あいつはできるのに、自分はできないということが起こってきます。そういうときには、できる友だちの技を盗む。がんばって盗んでいるうちに、対等ぐらいの力がつくようになるものです。

いっしょに遊んでいる友だちがつけている能力を、自分も補充してつけていったり、啓発されていくということは、子どもの成長にたいへん重要な要素なのです。これは、わが国だけでなく、世界中の男の子が育つための、重要な要素なのではないかと考えています。

★真の教師は隣の友だち

友だちが自分より優れていたら
自分もそれに合わせるようにする

**真の教師は
年齢の近い友だち**

基礎的な能力以外本格的な勉強はいらない

13歳になるまでに、本格的な勉強は必要ありません。暗算力、読書力、文章力などの基礎的な能力は、ある程度つけておく必要はありますが、それ以外の能力を、無理につけようとしても無意味なことです。

2歳から子どもに識字をさせるおかあさんがいます。字を書かせることに、たいへん苦労をしています。しかし、小学校に入って3か月もたったら、たいていほかの子どもも追いついてしまいます。その3か月間を満足するために、むだな努力をしているのです。そういうおかあさんは、子どもが当然幼児期にやっておくべきことを、やらせていません。無意味なことに時間を割いているからです。これはよくない典型です。

おかあさんが、上手に字を筆で書いて見せて、「あなたも丸が書けるの、上手ね」などと、遊びとしてやっている分にはいいのですが、強制的にさせるのはまちがっています。子どもは、遊びからしか学びません。子どもと大人の違いは、そこなのです。

★本格的な勉強はいらない

13歳になるまで
最低必要なもの以外の
能力を無理に
つけようとしても
無意味

2歳児に
字を書かせようとしても
苦労するだけ

子どもは
遊びじゃないと
学ばない

賛成できない中学入試 子どもに背伸びをさせすぎない

私は、中学入試にあまり賛成できません。とくにおくて型（晩成）の子どもに、中学入試をやらせることは、あまりよろしくないことだと思います。

子どものときは、その年齢にふさわしいことを、やらせなければいけません。その子どもの成長の度合いに合わせずに、背伸びをさせすぎると、子どもはコンプレックスをもつか、萎縮した状態になってしまいます。さらに、本来の子どもの成長を、遅らせてしまうことにもなってしまうのです。

そういった意味で私は、中学入試をあまりに一生懸命やることには反対です。適当にやっておいて、公立中学か、近くの適当な私立中学に入ればいいと思っています。

私の意見を聞いてくれた親御さんたちの、おくて型（晩成）の子どもたちは、公立に通いながら、みんななかなかよく育っています。また私立でも、通学時間が短い学校に決めた子どもたちは、元気でやっていることが多いようです。

★賛成できない中学入試

中学入試よりも
年齢にふさわしいやるべきことがある

成長の度合いに合った
ことをやる

背伸びをさせすぎると
萎縮してしまう

● 私のすすめる受験術② ●

最低点で合格する方法

受験でいちばん要領のいい方法は、最低点で合格することです。受験勉強という無駄な労力を、最低限に抑えて合格するのです。

ほとんどの学校は、66%の得点で合格です。３科目で３００点満点の入試なら、１９８点取ればいいのです。３科目の平均は66点です。得意な科目があるならば、その科目で80点を取ることも可能でしょう。すると残りの２科目の平均は59点でいいのです。90点なら54点、満点を取れば、残り２科目の平均は、49点となります。66%とは、３分の２のことです。３問のうち、２問正解すればいいのです。３問中１問は間違えていいのです。受験勉強なんて、その程度のものなのです。またこれは、就職試験や昇進試験にも応用できる方法です。

ただし最近、一般入試枠がせばまり、暗記が得意な女子が強くなっているので、最低点をやや多めに見積もったほうが安全です。

第3章

13歳の男の子を育てるキーワード

13歳の男の子を育てるために
ポイントとなるキーワード

この章では、13歳の男の子を育てるキーワードを紹介します。親はどうやって、13歳の男の子をサポートしていけばいいのでしょうか。そのポイントは次の3つに集約されます。

①親が哲学を語る。

②両親が趣味をもつ。

③子どもの海外旅行の準備をする。

①はポイントを選んで、子どもに的確なアドバイスをし、②は両親が早急に実践します。そして③は子どもがはたちになったら、海外旅行に行けるよう、準備を始めることです。お金に余裕があれば、子どもをボーディングスクール（欧米の寄宿制中等教育学校）に入れるのもいいでしょう。そこではたいてい、おどろくべきいい授業が行われています。

次のページから、右の3つの項目について、それぞれ説明します。なかでも③については、かなりページを割いて、説明することになるでしょう。

★ 3つのキーワード

親はどうやってサポートしていくか

1. 親が哲学を語る

2. 両親が趣味をもつ

3. 子どもの海外旅行の準備をする

ポイントとなる言葉を用意してここぞというときに語りかける

まずは、①を説明します。「哲学を語る」といっても、大げさなことではありません。親が子どもに、これだけは言っておきたいこと、ポイントとなる言葉を用意しておいて、ここぞというときに、子どもに語りかけるのです。

13歳といえば、もう反抗期になりかけていますから、ガミガミと言ったところで、ぜんぶ無視されてしまいます。ここぞというときに、1回言えばいいのです。「おまえ13歳になったのか。最近はおとうさんの話なんか、全然聞く気もないだろうけど、ひとつだけ聞けよ。おれはおまえに、これだけは知っておいてもらいたいと思うことがある」。これだけは言っておきたいと、常々思っていることを、言えるときをねらって言うのです。

たとえば実際の能力に比べて、異常に低い成績になってしまって苦しんでいるときとか、最近とんとん拍子によくなってきて、ここで弾みがつきそうなときとか、そういう瞬間、成長が感じられる瞬間に言ってやると、子どもも聞いてくれるし、効果も絶大です。

★哲学を語る

成長する瞬間
弾みがついてきたとき
能力に比べ異常に
低い成績になったとき
成績
最近はおとうさんの話も
全然聞く気ないだろうが
ひとつだけ聞けよ
おれはおまえに、これだけは
知っておいてもらいたいと
思うことがある

趣味をもつことにより両親も成長し変化していく

次は②についての説明です。親が趣味をもつ、それが子どもの成長とどう関係があるのか、いぶかる方もいらっしゃるでしょう。

両親は余暇時間を重視して、その時間を趣味にあて、自分を成長させていかなければなりません。趣味に集中しているエネルギーを、家じゅうに発散させなければいけません。さほどやりたくない仕事のために、朝は満員電車に乗って、夜は遅く帰ってくる。野球やサッカーを見ながらビールを飲んで、一日がおしまい。休みの日には、子どもの気を引くために、テーマパークとスナック菓子…。世のなかの人の多くは、労働の苦しみを忘れるための娯楽を、趣味と勘違いしてしまっているようです。

趣味というものは、本当はそうではありません。自分の時間に、自分の好きなことを、思いきりやることなのです。趣味によって、両親も成長し続け変化していく。そういう突き抜けたところを子どもに見せないと、子どもも成長しようという気になりません。

★両親が趣味をもつ

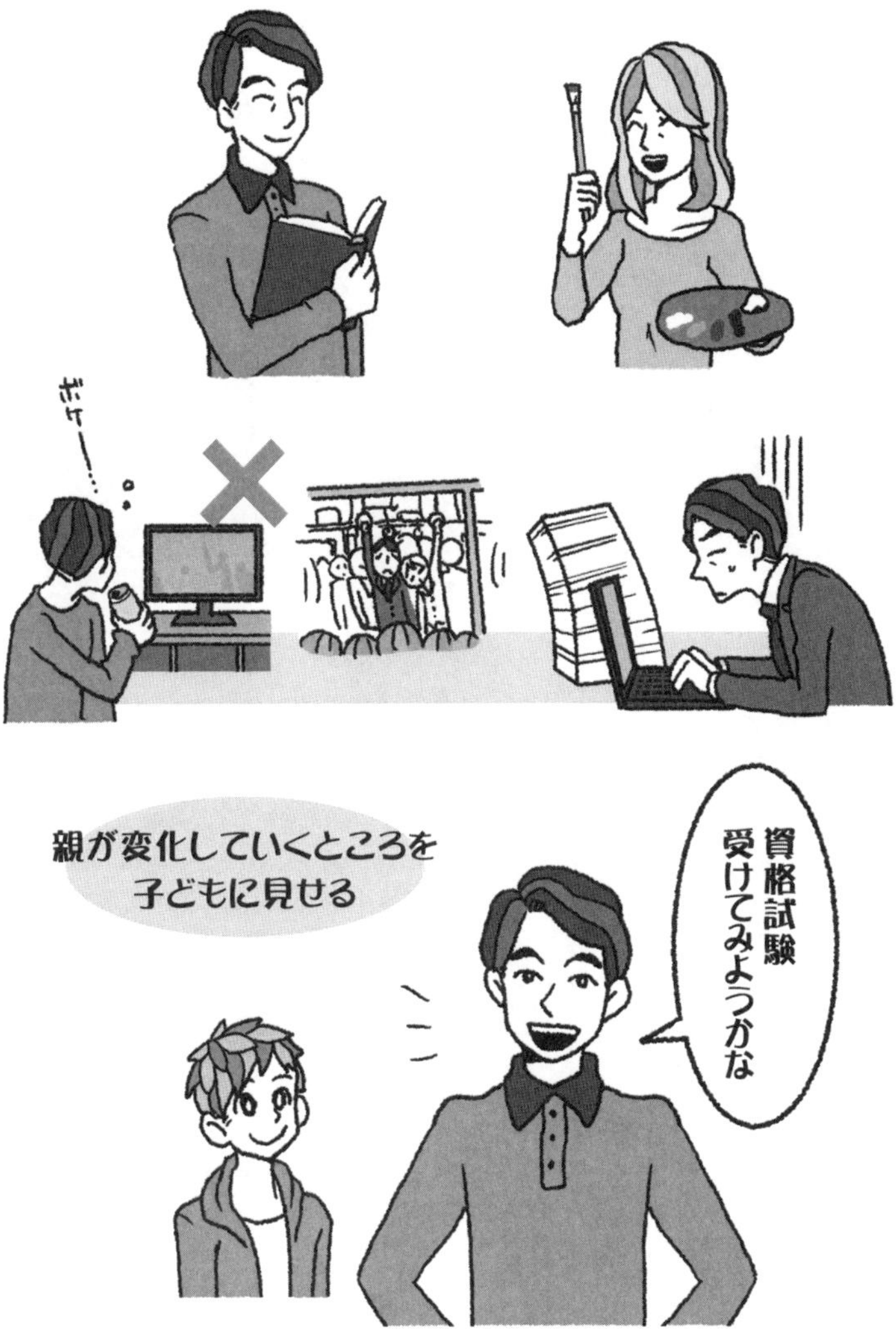
ボケー……
親が変化していくところを
子どもに見せる
資格試験受けてみようかな

海外旅行へ行くことを子どもに納得させておく

子どもたちに、これから何をしたらいいのかと聞かれるとします。20歳ぐらいになったら、長期間の海外旅行に行きなさいと答えてやってください。③のキーワードです。大きな旅行をして、世界を見ることほど勉強になることはありません。旅行から帰ったあとで、むしろ本格的に勉強する気になるほどです。

グローバル化された世界均一のなかで比較すると、日本の教育は遅れています。アメリカの大学に、日本の学生が受からず、インドと中国と韓国の学生ばかりが受かるようになっています。東大だって、世界レベルでは50番目ぐらいにしかなりません。

今の日本の社会のなかで、試験に受かるための勉強に躍起になっても、あまり意味があるとは思えません。そんな井の中の蛙《かわず》のような、小さなことを考えるのではなく、積極的に海外に出ていく人間になることを考えたほうが、よほど賢い生き方です。そのためには早い段階から、海外旅行に行くことを、子どもに納得させておく必要があります。

★海外旅行の準備

20歳になったら
思いきり海外旅行へ
行こう

井の中の蛙にならず
積極的に海外に出て行くことが必要

13歳からの勉強は海外旅行へ行くための準備

20歳で海外旅行へ行こうと決めたならば、事前にやっておいたほうがいいことが、おのずとわかってきます。まず思うのは、英語が十分にできたほうがいいということです。ほかにも、日本語で文章を読んで、情報を得られるようになっていたほうがいい。文章が書けて、言葉で説得できるようになっていたほうがいい。頭のなかで数字を動かして、ある程度難しい計算ができたほうがいい。やらなければいけない課題が次々と浮かんできます。

さらに考えれば、地理を勉強する意味もすぐ理解できます。歴史の勉強が必要なこともわかります。また、日本の国家の仕組みを学んでおくということも、意義づけできます。帰ってきたあとで、理科系の学問をやるつもりだったら、海外で理科系の研究組織を見るために、理科系の勉強も必要かもしれません。いくらでも勉強の動機づけができます。

13歳からの勉強は、いい高校や大学に入ることを目的とした勉強ではなく、20歳で長期海外旅行へ行くことを目的に、その準備のための勉強と位置づけるのです。

★勉強は海外旅行の準備

日本語を
深く理解する
日本語
Hello
英語が
できたほうがいい
歴史
地理
国家の
仕組み
論理的に
数字を動かす
大きな旅行を
長期間する場合
何が必要か考える

13歳からの勉強は
海外旅行へ行くための準備

世界に羽ばたくために思いきり勉強する

勉強の目的を前のページのようにとらえると、思いきり勉強するということは、世界中どこにでも行けるようになるための手段ということになります。日本国内にいると、勉強には、職業的な選択肢を増やすためという意味合いが強くなりますが、本当の勉強の意味は、自由に海外へ行くためにあったのです。自分が学んだことを、海外で検証し、確信するためにやっているのです。勉強は本来、本人が自覚的に主体的にやるものですが、海外へ行くための準備としての勉強だったら、本人は十分それを自覚できるでしょう。

ですから親は、「とにかく20歳になったら外国へ行け。それを目標に勉強をするのが、うちのやり方なんだ」というふうに言えばよろしい。それで本人は、主体的に勉強に取り組むことができるようになるはずです。

余談ですが、英語の学習でおもしろいことは、英語の学習をすると、日本語が客観化されることです。だから一度は海外へ出てみないと、自分のことは見えないのです。

★海外旅行は勉強の動機づけ

大学に入ったら海外旅行に行くことを考えろ

本当の勉強は
海外旅行へ行くためにやっている

英語の学習をすると
日本語が客観化される

外を見ないと自分のことは見えない

海外留学も成長の手段 ボーディングスクールがおすすめ

お金に余裕があれば、海外留学をさせるのもいいでしょう。とくにボーディングスクールがおすすめです。これは欧米の寄宿制中等教育学校のことで、海外の子どもたちも学んでいます。前にも書きましたが、ここではおどろくほどいい授業が行われています。

私の生徒で、中学1年のとき、イギリスのボーディングスクールに留学した子がいました。この子が帰国したとき、ボーディングスクールではどんな授業をやっているのか、聞いたことがあります。そのとき彼は、シェークスピアのヘンリー五世をやっていると答えました。ヘンリー五世は、百年戦争の最後のほうに出てきて、イギリスからフランスに攻め込み、イギリスの勝利のもとをつくった人物です。まず英文でシェークスピアを読み、次に戦争がいいことか悪いことかを、みんなで議論するのだそうです。

戦争が是か非かとか、戦争はいけないとか決めつけて、それを教えるのではなく、みんなで議論するというのです。海外では、こんなすばらしい授業が行われているのです。

★海外留学も成長の手段

お金に余裕があれば
ボーディングスクール
に入れる

ある授業では
シェークスピアを読み
戦争がいいことか悪いことか
みんなで議論をする

個性を伸ばす教育を受けた海外帰国子女は優秀

仮に、ボーディングスクールに通うとすると、1年間で300万～400万円ぐらいかかります。日本の私立学校に通うと、費用は1年間で150万～200万円、それに交通費がプラスされます。私立に行くことに加えて、もう100万～200万円上積みできれば、金額的に海外留学は可能です。考えようによっては、小学校4年から3年間、塾に通わず、塾に払うはずのお金をためていれば、留学できるということになります。

海外を経験し、日本に帰ってきた子どもたちが、優秀であることが多いのは、明らかなことだと思われます。その証拠に、私立の高校や大学の推薦入試は、海外帰国子女が圧倒的に有利ですし、彼ら専用の推薦枠さえあります。なぜそういうことになったのでしょう。彼らは学校のなかで、リーダーシップをとったり、活動の中心になったり、緩衝材になったりすることができるからです。それに比べ、日本の受験教育のなかで育った生徒たちは、画一的です。そこで日本以外で教育を受けた子どもをとるというのです。皮肉なことです。

★海外帰国子女は優秀

ボーディングスクールに
通うとすると
1年間で
300万～400万円
留学が可能
小学校4年から3年間
塾に通わず
塾に払うはずのお金をためる
日本の私立学校に
通うと
1年間で
150万～200万円
＋交通費
100万～200万円上積み
リーダーシップ
緩衝材の役割
帰国子女は圧倒的に
私立大や高校の推薦入試に有利
日本の受験教育のなかで育った
生徒たちにはあまり個性がみられない

COLUMN

● 私のすすめる受験術③ ●

音読の威力

本書でも、第６章「13歳から古典に親しむ」のところで、音読について若干触れています。さらに音読は、受験のときにも、抜群の威力を発揮します。

なぜ音読が受験にも威力を発揮するか、それは、問題文をまちがわずに読むことができるようになるからです。

私の音読法は、一音一音句切って読みます。とくに助詞、助動詞を意識します。この訓練ができていると、何を聞かれているか、何を答えればいいのか、正確に把握することができるようになります。

試験でよくある、うっかりミスの大半は、設問文の読み違い、あるいは早とちりで起こります。「該当しないものを選びなさい」と問われているのに、該当するものを選んでしまったりするのです。

音読の訓練をした子どもに、このようなミスはありません。音読法に慣れていれば、一音一音確実に脳が把握するので、うっかりミスがなくなるのです。

第4章

13歳の
男の子を育てる

人間を愚かにするためにある現行の教育システム

13歳の男の子を取りまく環境の手始めに、まず教育について取り上げます。今の教育は、人間を愚かにするためにあるということを、よくわきまえておかなくてはなりません。

わが国の教育というシステムは、人間の可能性を目覚めさせたり、おもしろいことができる芽を次々と摘んで、みな一様の果実にするようなことをやりすぎています。システマティックになりすぎているのです。アインシュタインは、「私の学習をもっとも妨げたもの、それは私の受けた教育である」と断言しています。

これは本来、変えなければいけないことなのですが、おいそれと変えられることではありません。教育システムを変えるということは、トップの官僚たちの仕事です。しかし、現行の教育システムのなかで試験に勝ち、エリートになった人たちに、このシステムを変える気はないでしょう。この状況が、わが国の内部から変わることは絶対にないのです。

そこのところをよく理解して、私たちは13歳の男の子を育てていかなくてはなりません。

★人間を愚かにする教育システム

教育は人間の
可能性の芽を
摘みとってしまう
教育
ぷちっ

私の学習をもっとも妨げたもの
それは私の受けた教育である
アインシュタイン

無能ぶりが白日にさらされたエリートたち これからの教育は〝意外な人〟たちの育成

２０１１年３月に起きた、東日本大震災とそれに伴う福島第一原発事故により、科学者、官僚、政治家、加えてジャーナリストといった、わが国高学歴エリートたちの無能ぶりが白日にさらされました。このような状況は、意図された戦後の教育によってもたらされたのです。この意図された教育というのが、リベラルアーツを行わず、センター試験というレトリック読みと暗記を重視する試験のための教育でした。今の高学歴層に、リーダーシップや判断力、想像力に欠ける人たちが多いのは、こういった理由からです。彼らはセンター試験に合格して、高学歴を手に入れた人たちだからなのです。「想定外」とは、想像力がないという言明にほかなりません。

センター試験がなければ、〝意外な人〟が、大学に合格するケースが出てきます。意外な人たちが、要所要所にいることで、その周辺の活性化が起こります。これからの教育は、将来のために、この意外な人たちを意図的に増やす必要があるのです。英語と小論文、あるいは数学と小論文だけの入試＝ＡＯ入試というものを慶応大学が始めた理由は、意外な人たちの育成を目指していたのだということがわかります。

★"意外な人"たちの育成

センター試験
レトリック読み
暗記
リーダシップや発想力
判断力に欠ける
センター試験を行わない
"意外な人"が
大学に合格する
これからの教育は
意外な人たちを
意図的に増やす必要がある

かえって子どもの頭を悪くする現在の教育現場

古くなった教育システムを大きく変換させないと、未来型の教育に合わせることはできません。変えなければいけないことは、わかっているのですが、保守化した官僚たちが、それをしようとしません。これは前にお話ししました。教育問題での急務は、教師の能力を上げることです。しかし、教師の能力を上げる方法が見つかりません。そして、できない教師をやめさせることもできません。教師は公務員の一種です。公務員は官僚の下についています。官僚が今の状態を続けたいのですから、それをすることはできません。

一方教育の現場では、いじめがなくなったかのように見えるため、一見大きな問題はないように思えます。しかしいじめを起こしていた、子どもたちのストレスの原因は解決されておらず、腐ったような状態が続いています。学級崩壊が依然として続いており、授業になっていません。子どもたちも、学校に行っても仕方がないと思っています。そんな状況のまま教室では、かえって子どもの頭を悪くするようなことが行われ続けているのです。

★子どもの頭を悪くする教育現場

教育の現場

一見いじめがなくなったようにみえる

↓

しかしいじめを起こしていた
子どもたちのストレスの原因は
解決されていない

↓

学級崩壊が依然として続いている

かえって子どもの頭を
悪くするようなことが
行われ続けている学校の実態

脅しの発想で運営される教育システム

多くの中学校では学期ごとに、5～1の評価点をつけます。一方教科ごとに、「授業に積極的に参加しているか」とか「国語の取り組みはどうか」などという、4～5項目のチェックポイントをABCの3段階で評価します。このチェックポイントにAがつかない限り、評価点はまず4以上にはならないのです。これは、学校の授業を崩壊させる危険がある子どもには、チェックポイントにB以下をつけて、いい評価点をあげないようにするという、脅し以外の何ものでもありません。

前ページで述べたとおり、政府も教育システムを、変えなければいけないことはわかっているのですが、なかなかそれができません。そのため、今できることは、脅しとか、信賞必罰とかの法家的な思想になってしまうのです。でもこれは、なかなか巧妙な政策なのかもしれません。生徒はいい成績をもらいたいので、先生がどんなにいやでも、言うことを聞かざるを得ません。逆らうことが、許されないのです。

★学校の運営は脅しの発想

最新の内部情報では、ついに成績決定要素の半分以上を平常点にすることが、文書で下達されたそうです。

脅しのような
現在の学校システム
逆らうと
成績は上がらないぞ
生徒はいい成績をもらいたいので
先生がどんなにいやでも
言うことを聞かざるをえない

教育産業は利益を追求する一企業
最大の目的は業績を上げること

学校の実態に続き、教育産業の実態についても、ここでお話ししておかなければなりません。教育産業の代表格は進学塾です。進学塾は当然、利益を追求する企業であり、その最大の目的は、業績を上げることにあります。そのためには、よりたくさんの子どもを集める必要があります。その集めるための仕掛けが、塾出身の難関校合格者数なのです。

ある進学塾の例です。この塾では毎年冬に1回だけ、東大受験を予定している人たちを集めて講座を開いているそうです。来場した受験生は、そこに名前を書きます。そしてその子が東大に受かると、すべてその塾の出身者として発表するのです。難関校への合格者を、ひとりでも多く見せようという方策です。

なぜこういう事態が起こるのかというと、子どもをいい学校に入れたいと思う親たちに、この塾に入ればうちの子もなんとかなるのではないか、そういう気分にさせているのです。一種のだましのようなものが、教育産業の主要な部分にあるのではないかと思うのです。

★利益を追求する教育産業

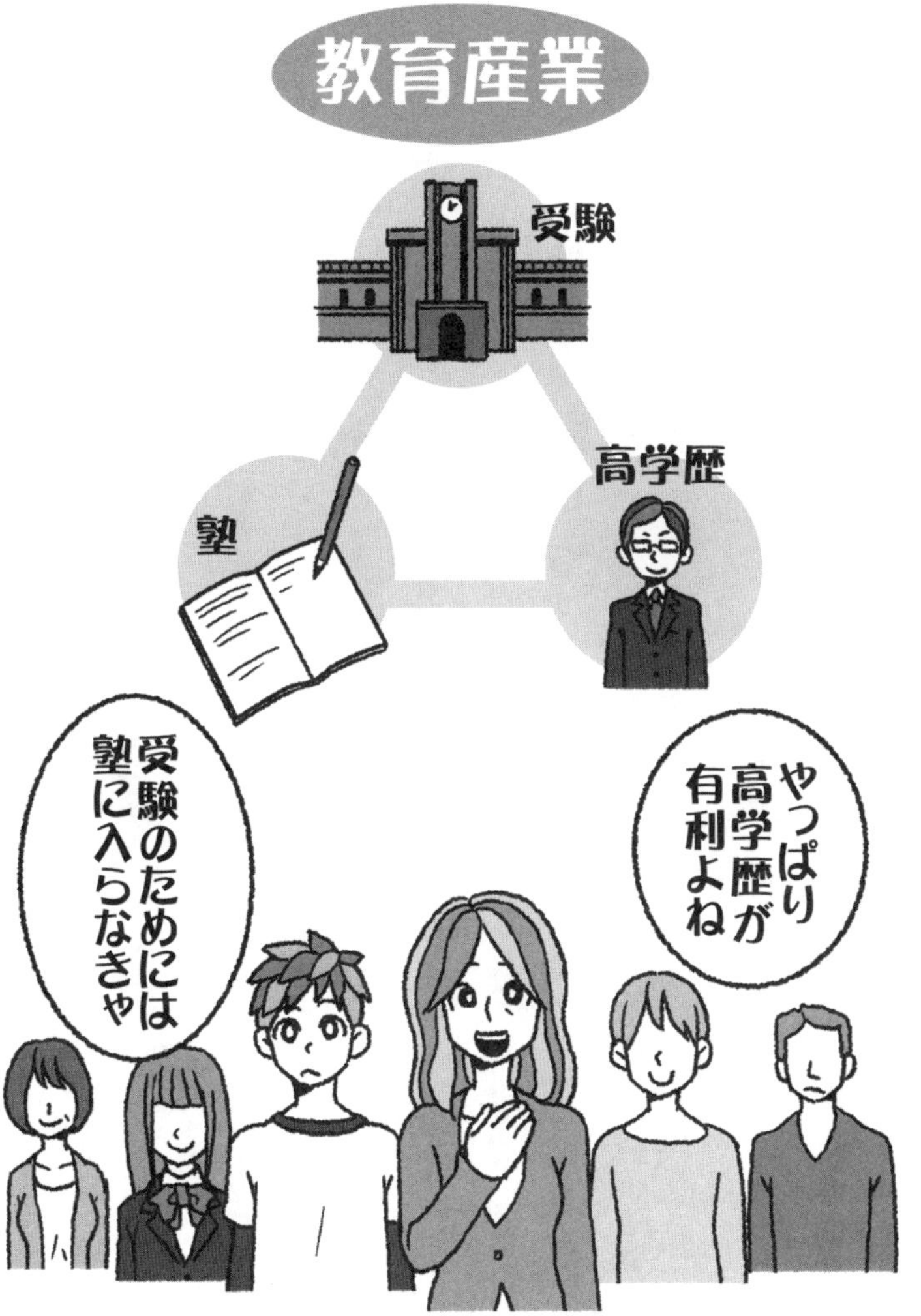
教育産業
受験
高学歴
塾
受験のためには塾に入らなきゃ
やっぱり高学歴が有利よね

一種だましのような教育産業

人生の喜びを感じるため芸術に親しめる環境をつくる

今の子どもたちには、90年ぐらいの人生があります。この人生を、大人になってからもずっと楽しめること。それは、なんらかのスポーツや芸術に親しむということではないでしょうか。ですから子どものために、芸術に親しめる環境をつくってやることが大切です。

子どものうちは、たいてい芸術などの文化的なことは、つまらないものと認識します。芸術的なことや文化的なことが、わからないのです。でも不思議なことに、若いときにわからなかった音楽や絵画も、大人になってくると、だんだんわかるようになってきます。こういうのはよろしいとか、こういうのはよくないとかが、だんだん自分でわかるようになってくるものです。

芸術に親しむということは、人生の喜びに直結します。選挙権や参政権が、今や無意味になってしまったこととは異なり、文化参加権＝芸術に親しむこと、これは自分で選んでやるものです。これほど人間の幸福にかかわり、自覚的で主体的になるものはありません。

★芸術に親しめる環境づくり

これは素晴らしい
?
子どものときにはわからなかった芸術が
大人になれば不思議とわかるようになる

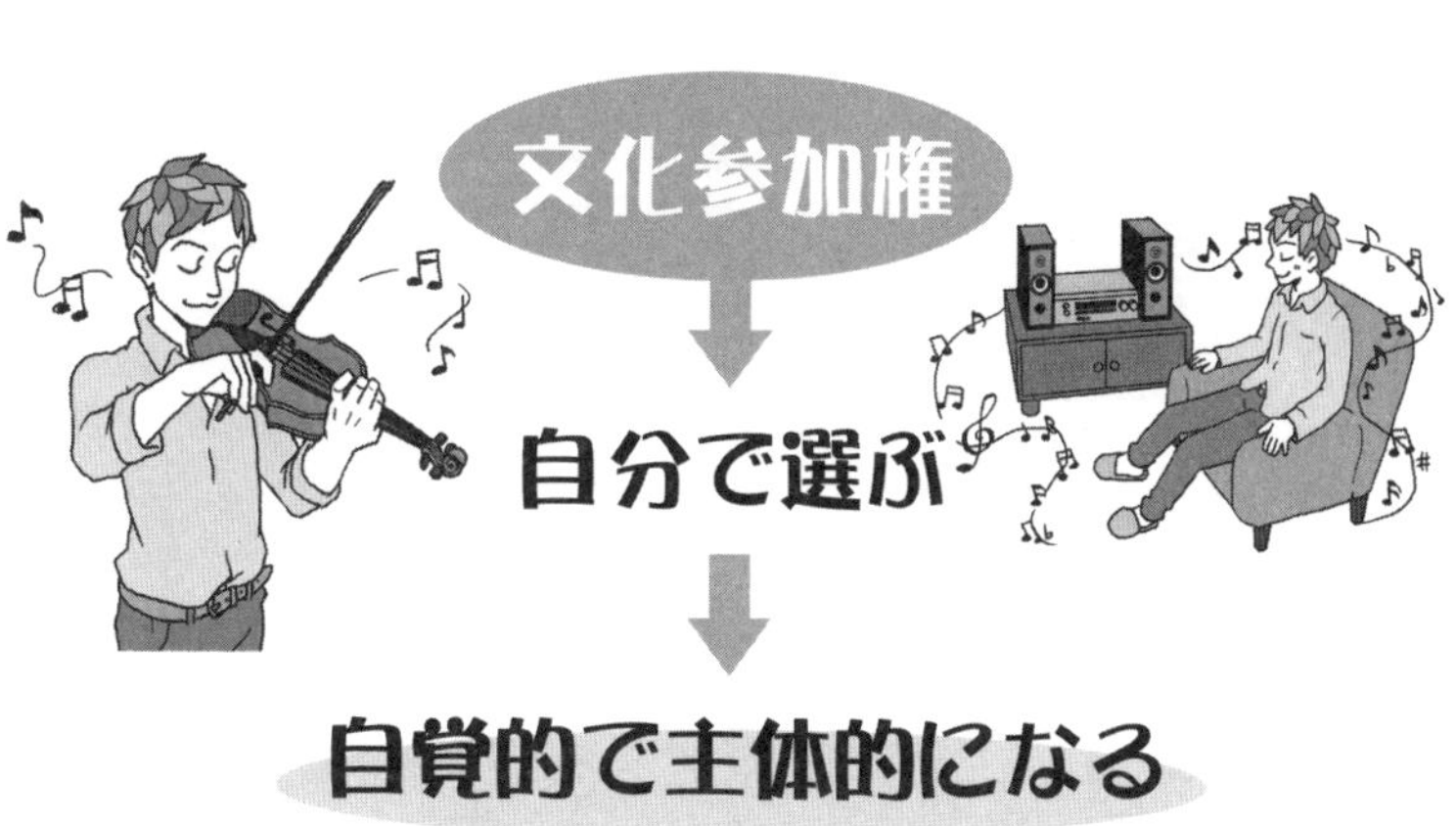
文化参加権
自分で選ぶ
自覚的で主体的になる

音楽をやるということは感性や認識力を高めるということ

音楽好きと一口に言っても、聴いているのが趣味な人たちと、自分で演奏する人たちとは、少し違うと思います。音楽を聴くだけでも、十分芸術に親しむことにはなりますが、楽器を奏でるということは、さらに、自己の心の解放になります。自分から音を出しているのですから、気分が悪いわけがありません。音楽をやるということは、私たちの感性や認識力を高める要素があるのです。

クラシックを聴いている人たちは、たいてい少しは、楽器のたしなみがあったりします。たとえばクラシック音楽を演奏しようとすると、ピアノとか、バイオリンとかを習うことになります。これが最初は、たいへん難しいのです。左と右の手を別に動かせと言われても、どうしようと思ってしまいます。もっとも車を運転するときは、左手も右手も足も別々に使うわけですから、やがては使えることがわかるのですけど…。それはさておき、楽器を演奏するということは、努力をしなければ体得できない何かが、そこにあるわけです。

★音楽は感性や認識力を高める

音楽を奏でると
自己の心の解放になる
音楽好きでも、演奏している人たちと
聴いているのが趣味とは違う
楽器の演奏は
最初はたいへん難しい
楽器を演奏することは
努力をしなければ
体得できない何かが
そこにある

音楽をやることで頭脳を刺激し活性化させる

さらに、音楽の話を続けます。

音楽から何が鍛えられるかというと、音の聴覚的な認知が鍛えられます。ここをこう叩くとこういう音が出るとか、ここをこう弾くとこういう音が出るとかという認識です。できなかったら、音楽になりません。そして最後には、ハ調のドの音だとか、へ調のソの音だとか、そういったものまで、認識できるようになっていきます。

また、音楽をやる＝楽器を演奏するということは、音符を読むことも覚えなければなりません。音符に慣れてくると、弾く前に見ただけでも、そこに書かれている音楽がイメージできるようになります。音符というのは、実際は記号ですが、それは文字でもなく、数字でもなく、絵画でもありません。

そういった音の認知や〝わけのわからない〟記号の解読に、一生懸命取り組むということは、頭脳を刺激し活性化させるために、たいへんよいことだと思うのです。

★音楽は脳を刺激し活性化させる

音の認知や記号の解読に
一生懸命取り組むことは
頭脳を刺激する

音楽には私たちの
感性や認識力を
高める要素がある

感性を磨くために

絵画は家に飾って見る

絵画を鑑賞することも、芸術に親しむ方法です。

絵というものは、美術館で見るものだと思っている人がいますが、それは違います。美術館は、ふつう1回行って、それでおしまいですが、絵というものは、繰り返し見るものなのです。繰り返し見ることができればできるほど、その絵には価値があります。つまらない絵は、早く外して、別の絵に替えたくなります。

しまっておいた絵を、玄関に出して飾ってみると、やっぱりいいねという気持ちになることがあります。そういうことは、ふだんから家に絵が飾っていないとわかりません。オリジナルの絵を飾るにこしたことはありませんが、レオナルド・ダ・ヴィンチの「モナリザ」や「受胎告知」の精巧な写真を部屋に貼って毎回見ているだけで、絵というものがすごいということが了解できます。

こういう感性を磨くには、ふだんから絵が家に飾っていないとわからないのです。

★絵画を家に飾る

絵とは繰り返し見るもの
繰り返し見ることができればできるほど
その絵には価値がある
やっぱり絵っていいなぁ
何回も見ていれば
絵というものが
すごいということが
了解できる

絵画や音楽は空間を変える それを知っているのはよい感性の人

私たちは、好きな絵を飾るのですが、よくないと思ったら、すぐ別な絵に替える覚悟がほしいと思います。鈍い人たちはそれに気づかずに、つまらない絵をいつまでも飾っています。絵というのは、だからこそ、注意して買うのです。オリジナルを買ったら、最低でも20万円は下らないでしょうから。でも20万円ぐらいの作品を買って、ずっと楽しめた場合には、旅行に行くことより、得した気分になれます。なにぶん旅行は、行ったらおしまいですが、絵の場合は残っていて、いつまでも鑑賞できるというわけです。

また絵画には、空間を変える力があります。絵を取り外すと、同じ部屋でも、まったく別の空間になってしまいます。空間をとらえるということは、ある意味で、音楽も同様です。絵画も音楽も、空間を変える力があるということです。絵を飾り、楽器を演奏することで、空間が変わることを知っている人たちがいます。絵画や音楽から、これらを感じ取っている人たちは、とてもよい感性の持ち主ということになります。

★絵画や音楽は空間を変える

絵画には空間を
変える力がある

絵を取り外すと
同じ部屋でもまったく別の
空間になってしまう

空間の変化を感じ取れる人たちは
とてもよい感性の持ち主といえる

親の感受性が豊かになれば子どもの感受性もそれに応じる

レオナルド・ダ・ヴィンチの「モナリザ」とか、「洗礼者ヨハネ」とかを繰り返し見ていると、そこには、実際の人間や人間の世界よりも、はるかに昇華された世界が展開されていることがわかります。実際の世界より一枚上の世界が、絵というかたちで表現されているのです。レオナルドの絵画を見ると、一瞬背筋に戦慄が走ります。それはフェルメールを見たときのさわやかな印象とは、まったく別ものです。レオナルドの絵画を見たり、バッハの曲を聴くと、そこに魔物のようなものが存在していることがわかります。

この絵はいい、この音楽はいいと思える反面、この絵はいや、この音楽はいやということもあります。芸術の好き嫌いが、自分で判断できるということは、幸せに関係することだと思います。こういう感受性を大切にしていくことが、幸せになるということです。

親の感受性が豊かになれば、子どもの感受性も、それに応じて豊かになります。感受性がなかったら、何を見ても、何を聴いても、同じことなのですから。

★親の感受性が子どもの感受性を鍛える

感受性を鍛える
この音楽はいやだ
この絵はいいな
芸術の好き嫌いが
自分で判断できる
感受性を大切にすると
幸せになりやすい

バーチャルでは体験できない実際の体験が重要なこと

私はデコポンが大好きですが、デコポンを食べてみて、おいしいと感じられるか、感じられないかということも、じつはさっきお話しした、この絵や音楽が好きか嫌いかということと同じことだと思います。以前においしいデコポンを食べた経験があるから、このデコポンの味がわかるのです。

自然の甘さとすっぱさの微妙で絶妙な感覚。自然の光をあてて、毎日丹精込めて作ったデコポンは、おいしいものです。しかしこの感覚は、実際においしいデコポンを食べたことがなければわかりません。あたりまえなことですが、デコポンに限らず、食べたことがなければ、そのおいしさは、わからないのです。

絵画＝視覚や音楽＝聴覚だけでなく、味覚にしても実体験をすることは重要なことです。実際にデコポンを手に入れて食べてみなければ、そのデコポンがおいしいかまずいか感じることはできません。この実感は、バーチャルでは絶対に体験できないことなのです。

★実体験をすることが重要

丹精込めて作ったのよ
これが自然の味よ！
へぇ
おいしい！
もぐ
もぐ

実際に体験してみないと
わからないことがたくさんある

親子のコミュニケーションは子どもの表現力を高める

子どもが親に話しかけてきたとき、その話をしっかり聞いてあげることは、たいへん重要なことです。そういうときは、子どもが外で、何かに反応してきて、報告しようとしているときです。子どもの頭をよくしたいのなら、このチャンスをしっかりとらえるのです。決して「今忙しいから、あとで」などと、言ってはいけません。

親に報告したいことが多くなっている子どもというのは、街のなかで、いろいろなことに出会っています。街のなかを観察するアンテナが、働いているのです。通りがかりのおじさんやおばさんから、貴重なアドバイスを受けているのかもしれません。それを親に報告したいと思っているのです。

子どもの話は、多少下手で、稚拙かもしれません。しかしそれを、相づちを打ちながらしっかり聞いてあげることは、親の義務といってもいいでしょう。それを繰り返すうちに、子どもの表現力が、上がっていくのです。

★親子のコミュニケーション

親子のコミュニケーションは
子どもの表現力を高める

親に報告したいことが多くなっている子どもたちは
街のなかでより多くのことに出会っている

親が子どもに語りかける内容は自分が主体的に動いた体験

ときには親のほうから、子どもに語りかけることも語ることも重要です。しかし、テレビで見たことや雑誌で読んだことを、こんなことがあったなどと語ったところで、子どもは聞く耳をもたないでしょう。またいつまでたっても、「あんたの同学年の、誰々さんのおかあさんは」などと言っているだけでは、子どもは飽き飽きするでしょう。

では親が子どもに語る価値のある、おもしろい情報とはなんでしょうか。それは、親が主体的に動いているときの話です。主体的に仕事や趣味を行い、その延長線上に、こういう人がいて、その人から聞いた具体的な話となれば、子どももおもしろく聞けるはずです。

「おばあさんが交差点をわたるとき、おまわりさんはピッと笛吹くだけだから、あたしが思わず手を引いてあげたんだけどね」などと、親が主体的に動いたときの話をすれば、子どもは思わず聞き耳を立てることでしょう。

親が主体的に動いている話は、子どもにとってても聞いておもしろい話となります。

★主体的に動いたことを子どもに語る

親のほうから子どもに
語りかけることも重要

親が主体的に動いている話は
子どもにとっても聞いて
おもしろい話になる

親が努力してきたことを子どもに語って聞かせる

反抗期の子どもは、親とぶつかったり、闘ったりして、親の出方を見ています。そういう時期に、親が今まで、どんなことをやってきたのか、子どもに語ることがあるかもしれません。そのとき子どもにわからせることが、上手な親とそうでない親とがいるようです。

反抗期の子どもとけんかになって、「あんた、おかあさんが昔ヤンキーだったのわかってるの」と、思わず言ってしまう母親がいたりするのです。こういうせりふが子どもにとって、効果があるのかないのかわかりませんが、いずれにせよ、あまり言う必要のないせりふです。子どもだって、親の理想像があるのですから、あまり自分を壊すようなことを言っても仕方がありません。

それよりも、自分が努力してできるようになったことや、得意になったことを伝えるほうがいいでしょう。「おかあさんだって、もともとこれができたわけじゃない。努力したからできるようになったんだよ」ということを、子どもに伝えたほうがいいでしょう。

★努力してきたことを子どもに語る

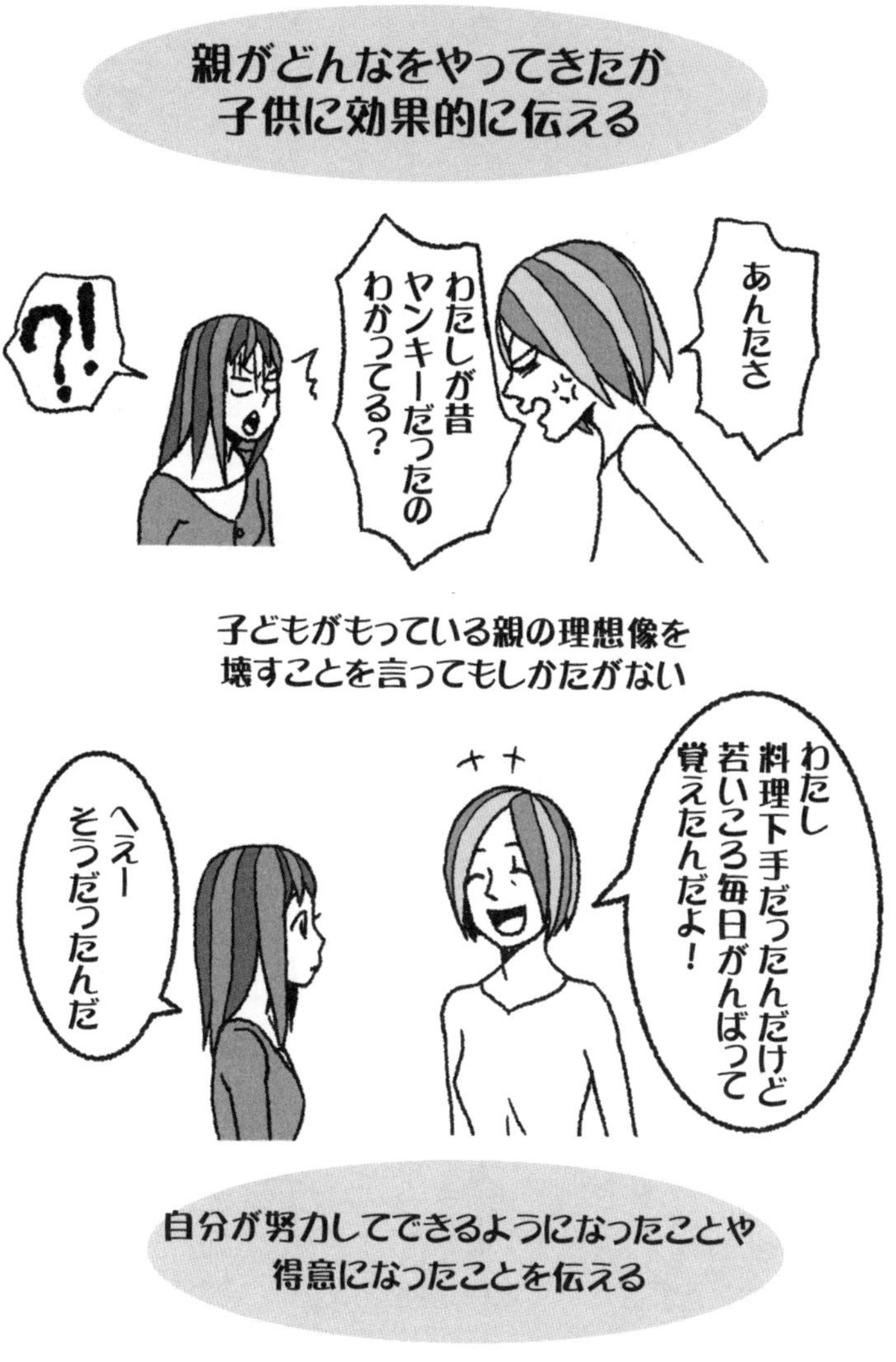
親がどんなをやってきたか
子供に効果的に伝える
あんたさ
わたしが昔
ヤンキーだったの
わかってる？
?!
子どもがもっている親の理想像を
壊すことを言ってもしかたがない
わたし
料理下手だったんだけど
若いころ毎日がんばって
覚えたんだよ！
へえー
そうだったんだ
自分が努力してできるようになったことや
得意になったことを伝える

日ごろから習慣づけておきたいきれいな食べ方

子どもはやがて、他人と生きていくことになります。外にいけば友だちといっしょだし、いずれは結婚もするはずです。そのときのことを考えると、きれいに食べること、ほかの人が不愉快にならないように食べることは、非常に大切です。

きれいに食べるということは、お化粧をきちんとしているのと同じように、人によい態度で接してもらえます。きれいに食べて、印象が悪くなるということは、まずありません。年配の人と接するときには、とくにこのことに、気を使わなければなりません。

きれいに食べるといっても、作法どおりに食べるということではありません。きたない食べ方、相手が不愉快にならない食べ方をしないということです。きれいに食べるということを、日ごろから習慣づけておきたいものです。

昔レストランで、食べ物をフォークに刺したままトイレに中座して、みごとに彼女に振られたという、私の友人がおりました。

★きれいな食べ方を習慣づける

ほかの人が不愉快に
ならないように
食べることが大切

きれいに食べると
人によい態度で接してもらえる

トイレや風呂の使い方も あらかじめ教えておく重要なこと

食事のとり方と同じように、トイレの使い方も大切です。子どもが家庭にいるうちに、集団内のトイレの使い方も教えておかなければいけません。あとから使う人たちが、不愉快にならないように、使用したら必ず元の状態に戻しておく。これは停電とか、断水以外のときは、必ずやっていただきたい習慣です。結構いるんです、トイレの使い方がムチャクチャな子どもたちが…。

また風呂も同様です。風呂場をのぞくと、座る椅子はとり散らかっているは、石鹸は床に落ちているは、シャンプーは出しっぱなし。洗面器がないと思ったら、風呂桶の中に入っていて、そのうえ、髪の毛が湯船にプカプカいっぱい浮いているのに、全然取っていないなんて最低です。風呂の使い方も、ぜひ教えておいていただきたいと思います。

そういうことは、外に出て生活したり、結婚したときに、本人の気づかないところで、必ずチェックが入ることをキモに銘じておきましょう。

★教えておきたいトイレや風呂の使い方

トイレ

あとから使う人が不愉快にならないように元と同じ状態に戻す。

風呂場

気の毒に感じてしまう身の回りのことができない子ども

13歳ぐらいになったら、身の回りのことを、少しは自分でやっていけるようにしないと、将来恥をかくことになると思います。これから合宿に行くことや、修学旅行へ行くこともあるでしょうし、友だちといっしょに生活することになるかもしれません。

合宿所について、何がどこにあるかわからず、カバンから何もかもひっぱり出して、ぐちゃぐちゃにしている子どもをよく見かけます。荷物だけで、ほかの人の3倍ぐらいの場所を占領しています。ものがなくなることも多いと思います。

てきぱきと身の回りのことができて、周りに迷惑がかからない状態をすぐ作れるような訓練が、日ごろから行われていなくてはなりません。簡単なことなのです。かばんにもう一度荷物を戻して、チャックを締めて隅に寄せておけばいいだけのことなのですから。

そういうことができない子ども、そういうことを親から教えてもらっていない子どもは、むしろ気の毒に感じてしまいます。

★身の回りのことができる訓練

少しは自分で
やっていける
ようにしないと
将来恥をかく
キチッ
すっ
しおり
オッケー
それはドアの前に
テキ
パキ
てきぱきと
身の回りのことができて
周りに迷惑がかからない
状態がすぐつくれるように

● 私のすすめる受験術④ ●

音読法を進化させた速読法

音読法には、第２段階があります。それは、音読法を進化させた速読法です。

一音一音句切って読む音読法に慣れたら、読むスピードをだんだん上げていきます。書いてある内容を理解しながら、読むスピードを上げるのです。そして、これ以上速く読めないというところで、音読から黙読に切り替えます。私はこれを、「口唇読み」と呼んでいます。

黙読といっても、音読の訓練を積んだ人は、ふつうの人の黙読と、その理解力が違います。黙読をしていても、頭のなかでは、音読をしているのと同じ作用が起こっています。かなりのスピードで読んでも、しっかり意味が入ってきているのです。

ふつうの音読の、２倍以上の速さで速読法ができればしめたものです。これなら、問題文を読む時間がたりないということもありませんし、センター試験のひっかけに足をすくわれることもありません。

第5章

13歳からの本格的な勉強

親が子どもに勉強を押しつけることは絶対避ける

この章では、13歳の男の子が勉強するさい、注意すべき点やポイントをお話しします。

まず、親が子どもに、勉強を押しつけることは、絶対避けましょう。私は、数多くの勉強ができる子どもに、必ず聞くことにしている質問があります。それは、お母さんに勉強しろと、言われたことがあるか、ないかということです。答えは、全員言われたことがないということでした。

勉強しろと言われてやったところで、できるようにはなりません。今まで友だちと遊んできたことに自信をもち、自分は絶対大丈夫だと思ってやれば、勉強なんてあっという間にできるようになってしまいます。自分の意思でやろうと思い、そこにちょっとしたアドバイスがあれば、よほどおろかなやり方ではないかぎり、すぐに勉強はできるようになってしまいます。自分でやろうと思った段階で、勉強の効率は5倍ぐらいのスピードに跳ね上がるのではないでしょうか。そうでなければ、ぜひ私に相談してください。

★親が勉強を押しつけない

学校で習うことが勉強ではない
主体的に取り組むのが本当の勉強

勉強というのは、学校で教えてもらう英文法などを、ただ覚えることではありません。自分で問題集を広げ、全部やってやるという気持ちで、真剣にやることなのです。それが1か月で終わった場合には、学校で英文法の授業を、お行儀よく聞いているよりも、ずっと大きな効果が表れているはずです。

勉強しようという発想が生まれると、今度は塾に行こうという発想になります。でも塾に行く以上、塾のやっていることをしぼるだけしぼり取って、盗むだけ盗みきって、結局この塾はたいしたことないから、そろそろやめようかなくらいの気持ちで行くべきなのです。塾へ行くなら、本気になって通うべきです。学校も同様です。この宿題はナンセンスだ、自分にとって意味がない、だからやらないとか、でも内申取りには必要だとか、自分にとって有用かどうか、自分で判断するのです。13歳を過ぎた子どもは、そういうことが、自分意思としてできるようになります。自分で主体的に取り組むことができるのです。

★主体的に取り組む勉強

自主学習
1か月で終わらせる！
学校で教わるより大きな効果がある
This is a pen.
塾に行こう！
もうこの塾はたいしたことないからそろそろやめよう
塾
塾のやっていることをしぼるだけしぼり取るつもりで
この宿題はやっても無駄だなぁ…
ナンセンス
宿題
主体的に勉強に取り組む
13歳以降ならば意志としてできてくる

両親が早い時期に子どもに与えておくこと

13歳以降、第2次性徴期が終わって、自律的に発達していくようになります。しかし、その前の段階で、やはりある程度、ベースとなるものが頭に入っていないと、その子にとって、つらいだろうなと思う事柄があります。これは第2章の復習になります。

やはり、文章を読む力は勉強の前提です。いくら勉強を始めても、問題の文意が読み取れなければ、勉強ははかどりません。次に質問する力と考える力。これはどうなっているのと人に質問ができ、ああこういうことなのかと、考える力がついていることが必要です。それから記憶力。ややしっかりした記憶力をもとにして、記憶の方法を誰かに習っているなどの事柄が、13歳以前のベースとなります。

これらベースになるものは、いずれは誰にでも身につくものです。しかし将来、世のなかの役に立つ人材となる男の子を育てたいと思うのであれば、最低限もっていなくてはいけない素養として、両親は早い時期に、子どもに与えておく必要があると思います。

★早期に子どもに与えておくこと

13歳以前に子どもに与えておくこと

親は学習のベースとなる素養を
13歳までに子どもに与えておく必要がある

やる気があれば勉強は必ずできるでも努力することは最低必要

前のページでは、勉強のベースになることについてお話ししましたが、仮にそんなものがなくても、本人がその気になってやりさえすれば、勉強は必ずできるようになるものだとも思われます。自分のことを信じて、確信に満ちて、一生懸命自分から打ち込んだ場合は、成績なんてあっという間にクラスで1番か2番になってしまいます。勉強とは、そういうものだと思います。

ただ、努力は必要です。勉強とは、努力すれば必ずできるようになるものです。逆に、努力しないと難しいかもしれません。なにせ、たくさん覚えることがあるのですから。英語の単語だとか、社会科の用語だとか…。そこを、努力と忍耐で乗り越えるのです。でも、そういうことを自分の意思でやれるようになれば、勉強はできるようになります。

でもなかには、努力をしなくてもできる人がいます。そういう人を見ると、コンプレックスを感じてしまうこともあるでしょうけど…。

★努力することは最低必要

自信をもって
一生懸命打ち込む
そうすれば簡単に
成績なんて上位になれる
努力しないとできないんだ
努力しなくてもできる人は？
努力すればできるのか…
努力をすれば、勉強は
必ずできるようになる！

隣の友だちから技を盗んだ経験は13歳からの勉強にも役立つ

「真の教師は隣の友だちである」ということは、第2章で述べました。この経験が、13歳以降の勉強にも、たいへん役立つのです。

小さいときに、友だちのまねをしたり、友だちの技を盗んだりした経験があると、学校で勉強しようと思ったときも、ただ勉強を教えてもらうのではなくて、こちらから学ぼうという主体的な気持ちになれるのです。過去に、友だちをまねたり、友だちの技を盗んだりという、自主的な学習態度を学んでいるのですから。そんなとき、教科の専門家である先生は、自分にとって学びやすい人たちです。専門の教科の先生ならば、自分の質問に対して、少なくともなんらかの答えを出してくれるはずです。

このように、昔遊んだ友だちを教師として、その子の能力をまねしたり、盗んだり、聞き出したりした経験は、13歳以降の勉強にも、たいへん役に立つ武器となります。

だからまず、「友だちを教師と思え」と、私は生徒たちに言っているのです。

★勉強にも役立つ「真の教師は隣の友だち」

小さいときに友だちをまねたり
友だちの技を盗んだりした経験があると
学校で勉強しようと思ったときも
こちらから学ぼうという気持ちになれる
友だちを教師と思え

今後の教育にもっとも必要なこと それはリベラルアーツの実践

私は生徒たちと、「リベラルアーツ」を実践しています。

リベラルアーツの本来の意味は、ギリシア・ローマ時代からルネサンス期にかけて、一般教養の基本となった7科目のことで、自由七科とも呼ばれています。現在では、大学における一般教養、教養課程と理解されることが多いのですが、私はリベラルアーツを、名著を読んで、持論を展開する能力ととらえています。

中学校1年生から高校2年生ぐらいの子どもを集めて、古典をみんなで読んでいます。朗読してもらい、読んだあと、その内容についてどう思ったかをみんなに聞いています。生徒に対しての効果は、たいへん大きいものがあります。

これからの教育にもっとも必要なことは、教養の核ともいえる古典の名著を読み、これについて自分の考えを述べるという作業だと思います。今後の教育は、これなくしてはあり得ないというのが、私の考え方です。

★リベラルアーツ

リベラルアーツ

ギリシア・ローマ時代
自由七科

現在
大学における
一般教養・一般課程

名著を読んで
持論を展開する能力

今後の教育はこれ
なくしてはありえない

古典を読んで生徒たちと語り合う これが私流のリベラルアーツ

今まで、論語を読んで、老子を読んで、韓非子《かんぴし》を読んで、旧約・新約聖書、初期仏典、法華経と続いて、次は臨済録《りんざいろく》とイスラムとギリシア神話をやる予定です。

古典を読んだあとの、生徒たちの感想が、じつにおもしろい。たとえば…。

論語に対して子どもたちは、非難ごうごうです。なんで上の者が賢くない場合でも、言うことを聞かなければいけないのかと、子どもたちは猛反発をしていました。

仏教も批判が強かった文献です。大乗仏教ではなくて、初期仏典、ブッダが活動しているころの言行録を読んだのですが、自分が悟るために、家族を捨てて出家するなんて不幸への道だ、とんでもない生き方だと、生徒たちは憤慨していました。

リベラルアーツを行うことで、子どもたちが古典について生き生きと語ります。今度は、臨済録＝禅をやることで、言語ではない悟りとはどういうものかを、子どもたちにわからせたいと思っています。

★私のリベラルアーツ

リベラルアーツ
法華経
初期仏典
老子
論語
韓非子
旧約聖書
臨済録
新約聖書

朗読
上のものが賢くない場合でも
言うことを聞かなければ
いけないのか
反発
論語
非難
仏典

リーダーシップに必要なことは説得力
それを培うのがリベラルアーツ

リーダーシップをもつ人間にするには、リベラルアーツが必要不可欠です。リーダーシップにいちばん必要なことは、説得力があることです。しかし、説得力を身につけることは、現行の国語教育では無理なのです。では説得力は、どうやって身につくのでしょうか。それは共有して読んでいる本について、仲間と議論をすることです。つまりリベラルアーツです。それを繰り返しているうちに、いつも議論に勝つ人が出てきます。これがリーダーシップをもつ人なのです。そういう人は、政治家や企業のトップになっても成功します。

この方法は、昔旧制高校が行っていました。旧制高校は、GHQによってつぶされましたが、私に言わせれば、その理由は、優れたリーダーを輩出するリベラルアーツをやらせないためだったのです。リーダーシップをもつ人間が、現れることを恐れたのです。一方現在の受験勉強は、センター試験という暗記を重視する試験への対応です。これでは、発想力や判断力をもたない人が多いのも当然です。

★リーダーシップを培うリベラルアーツ

トップ
いちばん大切なのは
説得力
説得力を鍛えるには
レベルの高い本
おれはこう思う
いいや違うね そもそも根拠が…
議論
教科書
学校の国語
いつも必ず議論に勝つ人が出てくる
これがリーダーシップを持つ人

COLUMN

● 私のすすめる受験術⑤ ●

英語は訳さずに理解する

英語がぎっしり並んだ問題文を、ふつうに訳していたら、試験時間では間に合いません。長文をどれだけ速く読めるかに、合否がかかっているのです。

高校で教える英語は、ＳＶＯ（主語・述語・目的語）でできている英文を、ＳＯＶ（主語・目的語・述語）で成り立っている日本語に、置き換えて訳します。

これでは、入試の問題文が半分も読み切れません。ですから英語を訳さず、頭から理解していきます。ＳＶＯを日本語にすると、「誰が、どうした、何を」となります。これをそのまま理解します。実際の英文はもっと複雑で、「誰が、どうした、何を、誰と、どこで、何時に」と続きます。それを頭のなかでいちいち並べ替えずに、この順序のままで理解するのです。

大事なのは主語と述語で、これをしっかり押さえます。はじめは難しいかもしれませんが、訓練を重ねれば、次第にできるようになってきます。

第6章

13歳から古典に親しむ

古典に親しむ手始めはまず徒然草から

私たちは、言葉をオリジナルに作れません。前の世代の言語を持ってきて、それを変化させているだけです。現在私たちが話している今の日本語は、私たちの前の世代、親の世代の人たちが話していた言葉を、私たちが習慣的に聞いていて、それを少し、ほんのちょっと、私たちなりに変えて使っているのです。では、親の世代の言葉はどうだったのか、おじいさん、おばあさんの時代の言葉を、ちょっと変えて使っていたわけです。

一方で、私たちの言語に大きく影響を与えているのは、学校で行われている国語教育です。では、明治以降の国語教育では何が規範になっていたかというと、それは徒然草です。明治以降、子どもが必ず教えられた古典は、徒然草だったのです。

つれづれなるまゝに、日ぐらし硯に向かひて、心にうつりゆくよしなしごとをそこはかとなく書き付くれば、あやしうこそ物狂ほしけれ。

この長さで、物事を言い表すのが、明治以降の定番になったのです。

★古典に親しむ

言葉
オリジナルに
作れない
ちょっと変化
＋
言葉
言葉
前の世代の人

私たちの言語に大きく影響を
与えているのは国語教育

明治以降子どもが必ず教えられた古典

つれづれなるまゝに、
日ぐらし硯に向かひて、
心に移りゆくよしなしごとを
そこはかとなく書き付くれば、
あやうしこそ物狂ほしけれ。

徒然草

徒然草

この長さでものごとを
言い表すのが定番に

徒然草を音読すると江戸時代以降の文章がわかる

徒然草を音読すると、江戸時代以降の文章は、たいへんわかりやすくなります。

ちなみに音読とは、私が生徒に実践している本の読み方で、一音一音ゆっくりと、大きな声で、しっかり発音しながら読んでいく方法です。これを何度かやっていくと、今までさっぱりわからなかった古典の文章が、原文のまま理解できるようになります。

徒然草は、江戸時代には藩校や寺子屋で、子どもの教科書の中心となっていました。室町時代の後期から江戸時代の元禄期までは、花嫁が嫁ぐときに、勉強になる本の代表として、持っていくことになっていました。持参することが、当時のたしなみでした。

徒然草は、江戸時代以降今日にいたるまで読み継がれてきた、古典の決定版ともいえる作品なのです。それ以降の作品は、多かれ少なかれ徒然草の影響を受けています。

したがって徒然草が読めるようになると、それ以降の文章、とくに江戸時代以降の文章は、格段に読みやすくなります。現代語と変わらない感じで、読めるようになるのです。

★徒然草を音読する

徒然草

つれづれなるまゝに、
日ぐらし硯に向かひて、
心に移りゆくよしなしごとを
そこはかとなく書き付くれば、
あやうしこそ物狂ほしけれ。

江戸時代以降の作品は
多かれ少なかれ徒然草の
影響を受けている

↓

徒然草を読めば、
江戸時代以降の文章は
読みやすくなる

源氏物語や枕草子を読むためには古今集の音読が最適

徒然草が読めるようになったからといって、それより昔に書かれた、源氏物語や枕草子がすらすら読めるようになるかというと、そういうわけにはいきません。しかし、古今集を音読したあとで、源氏物語や枕草子を読むと、たいへんよく理解できます。

平安時代の貴族の女性たちは、教養として3つのことを身につけなければなりませんでした。字がきれいに書けること、琴が上手に弾けることと、もうひとつが古今集の暗記でした。古今集の教養を得るために、貴族のお嬢さんやそれに準ずる女性たちは、みな家庭教師を雇って勉強をさせられました。その家庭教師の役をしたのが、源氏物語の作者である紫式部や、枕草子を書いた清少納言など、「女房」といわれる人たちでした。

平安時代の女流貴族は、子どものときから古今集を暗記しています。そして源氏物語も枕草子も、古今集がベースとなってできている作品です。ですから古今集を読んだあとは、源氏物語や枕草子をすらすらと読むことができるのです。

★古今集を音読する

源氏物語と枕草子が
よく読める
古今集を音読する
ベースになっている
字がきれいに
書けること
琴が上手に
弾けること
古今集の
暗記
平安時代の貴族の女性たちが
教養として身につける
3つのこと

古今集のベースになる作品
それは当然万葉集

では、古今集を読むことの、ベースになる作品はなんでしょうか。それは当然、万葉集になるはずです。

古今集というのは、天皇の命令で、宮中の貴族が編纂《へんさん》した歌集です。天皇が命令したので、勅撰《ちょくせん》和歌集といわれています。平安時代にできました。貴族の歌ばかりなので、その歌風は、優雅で、技巧的なものが多くなっています。

一方万葉集というのは、古今集より前の奈良時代にできた歌集です。天皇や宮廷の人たちの歌もありますが、同時に全国津々浦々から、東歌《あずまうた》や防人《さきもり》歌なども集めています。「ますらをぶり」といわれる、素朴で率直な歌いぶりが特徴の歌集です。

古今集をすらすらと読むためには、それ以前の万葉集を音読すればいいのではないかと思い、万葉集を音読してみました。すると古今集は、見事に読みやすくなりました。考えてみれば、あたりまえです。古今集は、万葉集を参考に編纂された歌集なのですから。

★万葉集を音読する

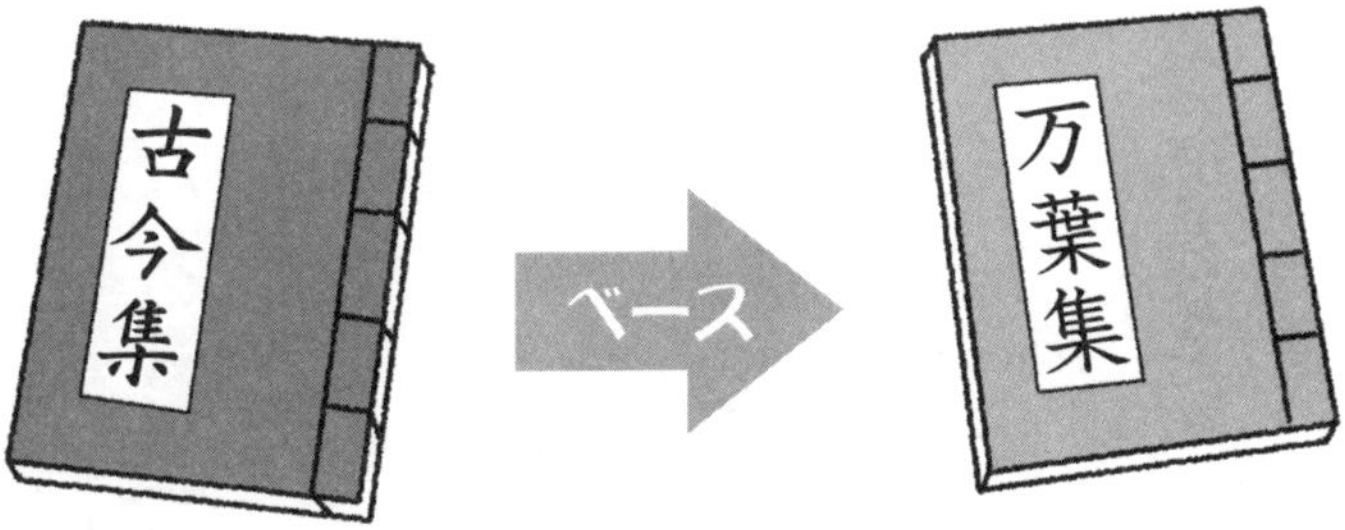

古今集　貴族の歌
歌風は優雅で技巧的

万葉集　東歌から防人歌まで集めている
歌風はますらをぶり

万葉集を読むにはどうするか そんなとき出合ったカタカムナ

すると次に、万葉集をすらすら読むには、どうしたらいいかということになります。万葉集より前の時代には、古事記と日本書紀しかないのですが、古事記や日本書紀が万葉集の参考になるとは思えません。そのとき出合ったのが、カタカムナという文献でした。

カタカムナというものを知っていますか？　カタカムナというのは、それを研究している人たちにとっては、古代の英知、すなわち5000〜8000年ぐらい前の日本古来のカルチャーだそうです。それは、カタカムナ文献というものに記されています。そこには、科学的な説明が書いてあるというのです。

たとえば、「カ」というのは、宇宙波動が飛んでくることで、「ミ」というのは、私たちにつまった身のことだから、「カミ」というのは、宇宙波動が飛んできて、私たちの体を通過すること、これが神を表すことだというのです。

そういうことを研究しているのが、カタカムナ研究というものなのです。

★カタカムナとの出合い

万葉集を読むには
どうしたらいいか
万葉集
カタカムナ
5000年～8000年くらい前の
日本古来のカルチャー
カ　宇宙波動が飛んでくること
ミ　私たちにつまった身

カタカムナを音読すると万葉集がすらすら読める

私はカタカムナに、知人の事務所で偶然出合いました。知人から、「松永先生は、音読の先生と聞いていますが、カタカムナをどう読むかわかりませんか？　みんなが、解読しようと、一生懸命取り組んでいる文献なんですけども」と聞かれたのです。

私が、これは日本語ですかと聞いたら、知人は、そうですと言います。だったら、一音一音切って読んでみましょう。私の音読法は、一音一音切って読むことですからと、カタカムナを音読してみることになりました。

私が音読すると、驚くべきことに、意味が通じる気がしました。なにせ古い言語ですから、完全な意味とはいきませんが…。これは神道の祝詞《のりと》読みにも通じることです。

カタカムナを音読すると、万葉集が読みやすくなるかどうか、生徒にも実験してみました。生徒にカタカムナを音読させたら、万葉集をすらすらと読めるようになったのです。

カタカムナの音読実験は、大成功でした。

★カタカムナを音読する

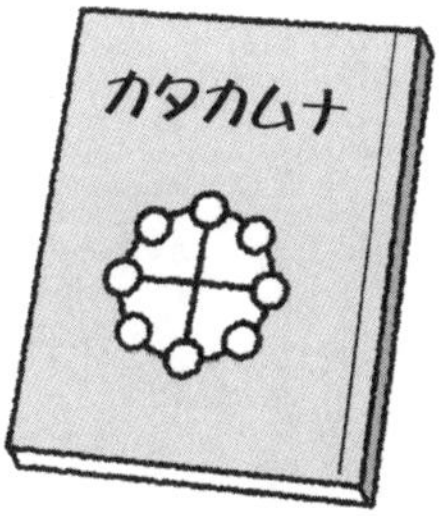

↓

一音一音切って発音する

カタカムナを音読

↓

万葉集が読めるようになった

朝鮮系の言語が入るより日本に前からあったカタカムナ

音読をしてみることで、カタカムナが、日本に朝鮮系の言語が入ってくる前からあった言語だということが、わかりました。それは、助詞、助動詞がなくて、一音一音切って読む言語です。一音一音切って発声するのが、朝鮮系言語に先行する、元日本語の実態だったのです。それをポリネシア系言語の影響と、解釈する人もいます。

祝詞を聞くと、「タ・カ・マ・ガ・ハ・ラ・ニ」と、一音一音区切って発声します。能でも、重要なせりふは、一音一音切って謡います。私たちは、そのことを忘れているのです。

日本語のいちばん古い文献は、カタカムナでした。ということは、カタカムナから始めると、日本の古典は、みんなすらすら読めてしまうということになります。

縄文時代からあったといわれるカタカムナですが、現在どの遺跡からも、その証拠は出土していません。縄文とは違うカルチャーなのかもしれませんが、いずれにせよ、あまり知られていません。そして、怪しい文献だと言う人がいることも、また事実です。

★カタカムナは日本最古の文献

日本の古代語

↓

一音一音切って発音する

朝鮮系の言語に
先行する言語

高天原に....

タ　カ　マ　ガ　ハ　ラ　ニ....

一音一音区切る

↑

日本語の実態

カタカムナから始めると
日本の古典が
すらすら読めてしまう

カタカムナの音読で日本の古典が読めることを発見

前ページでもお話ししたとおり、本来カタカムナは、科学的な英知がつまった文献だそうです。だから、カタカムナを科学的な文献として扱う人は、カタカムナの言語を記号として解読しようとしています。しかし言語を解読する場合、それは結局、直感的な理解でしかありません。記号が最初にあって、音になるということは、まず絶対にありません。音が先行して記号ができたか、音と記号が同時にあったかのどちらかなのです。だから私は、カタカムナの科学的な知識には、まったく注目せず、カタカムナの音読をやってみました。そして、カタカムナの音読で、日本の古典が読めるようになることを発見しました。

カタカムナを音読すれば、日本語がわかります。カタカムナの音読を子どもの教育に取り入れているのは、私ひとりです。私は子どもたちに、カタカムナ音読講によって、日本の古典を読むだけで了解する方法を開発したのです。詳しくは、拙著「超音読法」（扶桑社刊ＣＤ付き）をご参照ください。

★カタカムナで日本語がわかる

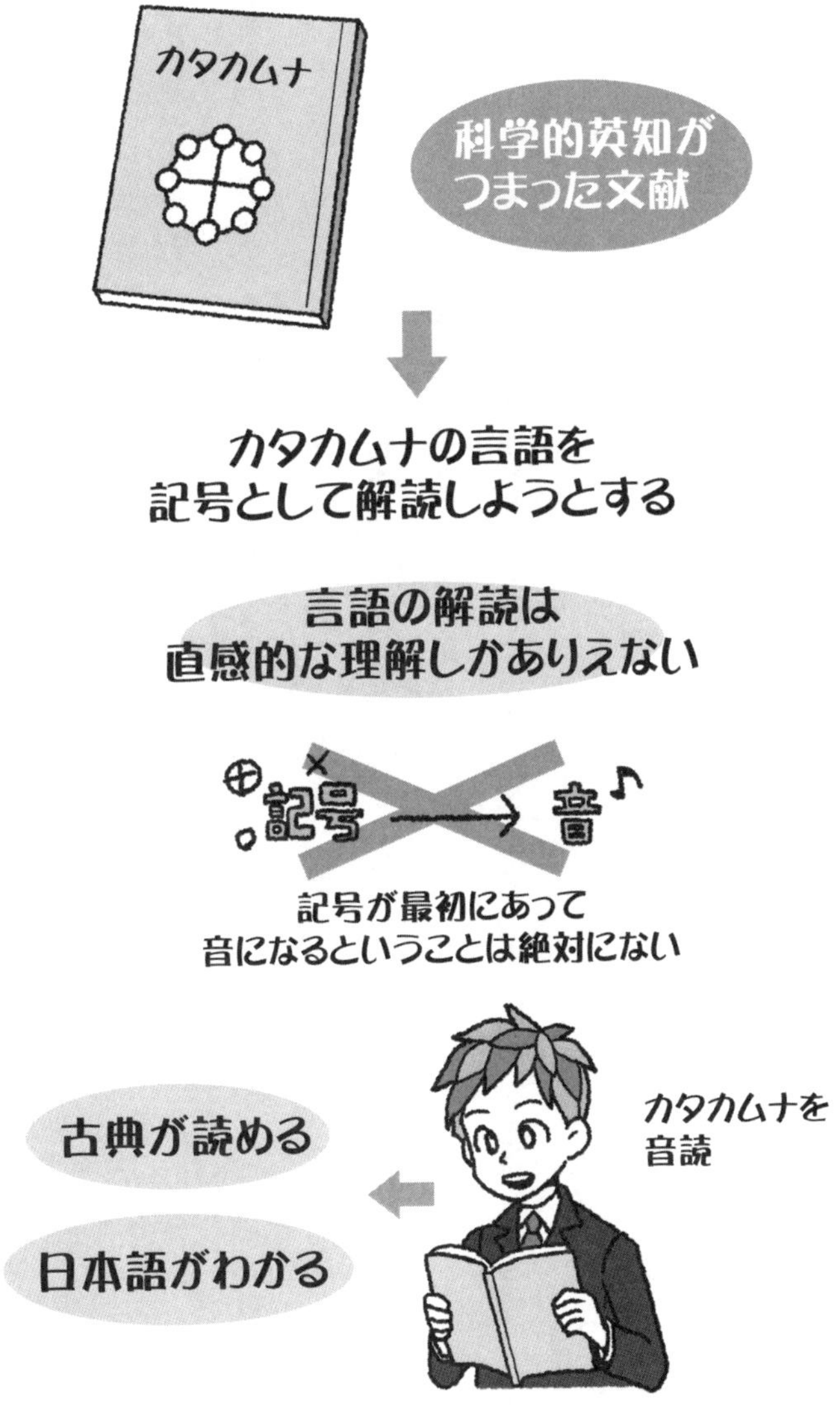
カタカムナ
科学的英知がつまった文献
カタカムナの言語を記号として解読しようとする
言語の解読は直感的な理解しかありえない
記号
音
記号が最初にあって音になるということは絶対にない
カタカムナを音読
古典が読める
日本語がわかる

古典的教養を理解する　これに勝る国語教育はない

話がずいぶん、カタカムナにそれてしまいましたが、このあたりで、古典を学ぶことの必要性について、まとめておきたいと思います。

古典のなかでも、とくに昔から読み込まれてきた文献は、貴族の間での古今集、宮中で回し読みをされた源氏物語、お坊さんが全国を巡って語り継いだ平家物語、そして藩校・寺子屋で読まれた徒然草ということになります。

こういった古典文学がしっかり読めてくると、子どもにとっての国語的な効果は大きいことになります。国語的な教養として、もっとも必要なことは、日本の国語がどのように変化したのか、変化しなかったのか、それを実地で体感することなのです。

重要な古典文学を読むと、必ずその子どもに教養が備わります。だから、すべての子どもが、やるべきことだと思っています。私は、過去・現在・未来にわたり、これに勝る国語教育はないと思うのです。

★古典的教養を理解する

宮中で回し読みされた
源氏物語
古今集
貴族の間の教養
徒然草
平家物語
藩校・寺子屋で
よく読まれた
お坊さんが
全国を巡って語り継いだ
日本の国語が
どのように変化したのか
どこが変化してないのか
を体感する

● 私のすすめる受験術⑥ ●

今後の受験は小論文と面接が主流

これから受験は、小論文と面接が中心となっていくでしょう。これが今後の、受験の大きな流れです。

企業も、勉強ができるだけの子どもを、求めることはなくなりました。「会社で実力を発揮できる人材」「この先、会社を発展させてくれる人材」というのが、これからの企業の要求です。大学も企業の要求を、無視するわけにはいきません。主体性とコミュニケーション能力のある人材を社会に送り出すために、選抜方法や講義内容を変えていく大学が出始めました。そういった大学が、受験生に求めるものは何か。それは国語力です。国語力をはかるのに最適な方法は、小論文と面接です。小論文と面接で選抜し、今後の社会に通用する学生を、育てようとする大学が多くなっているのです。

受験生も変わらざるを得ません。今までどおりの、暗記ばかりの受験勉強では歯が立ちません。小論文と面接には、新書などの読書が欠かせません。

第7章

今から考えておきたい子離れ

子どもに夢を託してしまう母親の錯覚

男の子が生まれたとき、自分の内部から異性が生まれたとき、母親はどんな気持ちになるのでしょうか。誇らしい気持ちなのか、ほっとしたような気持ちなのか、残念ながら男性である私には、想像もつきません。

しかし、とかく母親は、自分の子どもは思いどおりになると思ってしまいがちです。子どものなかに、自分の理想像ができると錯覚しがちです。それが錯覚であることは、10人ぐらい子どもをつくればわかると思うのですが、今はそういう時代ではありません。仮に10人ぐらい子どもがいれば、「あたしの子どもはこんなもんだ」と思えるのでしょうが、実際はひとりかふたりですから、子どもに多くの夢を託してしまうのです。

そもそも私たちは、情報の洪水に飲み込まれているので、学歴とか、塾での高い偏差値とか、そういうことに血道をあげてしまうのです。そういうことを全部、数少ない自分の子どもに投じようとするのです。

★母親の錯覚

イケメン
高学歴
若手社長
子どものなかに
自分の理想像が
できると錯覚する
子どもの人数が多いと
それが錯覚だと
わかってくる
子どもが
ひとりかふたりだと
多くの夢を子どもに
託そうとする

母親はいつまでも抱きしめていたい 子どもは早く自立したい

ところが驚くべきことに、わが子は母親の言うことを全然聞きません。反抗して、母親が思ってもいなかったようなことをして、あげくのはてには、母親がいやだと思っているタイプの女性と結婚したりします。これが現実なのです。

子どもは必ず、自立的に動きます。年ごろになれば、「いつまで、干渉するんだ。友だちと遊ぶのに、ついてくるんじゃねえよ。おれはおれだよ、いちいちうるせえ」ということになるに決まっています。

それが13歳ともなれば、もう決定的です。13歳といえば、昔なら元服です。大人として、狩りに行ってもいいし、危ないことをしてもいいし、気に入った女の人に声をかけてもいい年なのです。

今の時代は、そうではありませんが、でも自立はしていきます。子どもは、自立していくのですが、母親としては、いつまでも抱きしめていたいという気持ちが残るのです。

★いつまでも抱きしめていたい母親

うるせーよ!!
言うことを聞かない

13歳になれば
子どもは自立していく
でも親としてはいつまでも
抱きしめていたい
という気持ちが残る

子どもの自立を阻む主体的に生きていない母親

あきらめたほうがいいのです。子どもは必ず自立して、親の元から離れていってしまいます。逆に、いつまでも抱きしめていたら、マザコンどころか、結婚できない男になってしまいます。そういうことにならないためにも、さっさと手離したほうがいいのです。

こんな母親に会ったことがあります。「いや、まだ待って。大学4年、22歳までは家にいてほしいわ。あんたがいなくなって、おとうさんだけになったら、私離婚する」。どこでも行きたい大学に、行かせてやればいいのにと思うのですが…。

こういう母親は、主体的に生きていないのです。子どもはいずれ、親元を離れていくものだと思わなければいけません。

しかし離れるというのは、スイッチのオンとオフのように、ひととおりではありません。距離が離れていても、いつまでたっても、親子は親子なのです。そのうえ、男の子のほうが女の子に比べ、母親のことを大切にするといわれてもいるのです。

★自立を容認する

子どもは自立していく
あきらめたほうがいい

いつまでも
抱きしめていたら
マザコンどころか
結婚できない男に
なってしまう
主体的に
生きていない
母親

離れていても
いつまでも親子

子どもは必ず親から離れるもの親はそれをあらかじめわきまえる

子どもは、親の作ったごはんや弁当を食べ、洗濯物をしてもらいながらも、親から距離をもち始めます。日常行動のこと、勉強や遊びのことすべてに、「何から何まで、あまりうるさく言わないでくれ、おれはおれでやっていくからさ、あとはおれの問題なんだから」と、言い始めます。

子どもはいずれ、親から離れていくものであるということを、わかっていなければなりません。必ず反抗期が来て、親が思い描いていた子ども像とは、異なった状態になっていきます。このことを、あらかじめ、わきまえていないと、親のショックは大きくなります。

第1章でも説明したとおり、子どもが親はこういうものだとわかれば、自然に反抗期は終わります。それを言葉で必要以上に伝えようとしたり、いろいろと説得したりするから、話がこじれるのです。子どもが大人になろうとしているときに、親のほうが大人になりきっていないから起こる現象です。

★子どもはいずれ親から離れる

いろいろな距離をもって
子どもは徐々に自立していく

子どもは
いずれ離れて行くもの
それを理解して
あらかじめ構えておかないと
ごたごたしてしまう

それをわきまえていないと
親のショックは大きくなる

子育て期間はたかだか18年 人生のなかでも非常に短い期間

13歳で、いよいよ反抗期。これから自立ということになります。すると、それから5年で18歳です。その2年先は成人式です。急速に子どもとの関わり合いが失せていく。これを前提として、子どもとの付き合い方を、考えておいたほうがいいでしょう。高校を出たら、同居はもうおしまい、これ以降は、子どもを家からたたき出すくらいでいいのです。

子育てなんて、たかだか18年で終わってしまいます。18年という年月は、子どもが生まれる前は、長いような気がしますが、振り返ってみると、とても速く過ぎる年月です。子育ての期間は、人生のなかで非常に短いと割り切ることです。

子どもが13歳以降、子育ては完成段階に入りますが、これからは親がいろいろ口出しする時期ではありません。子どもの主体性に任せることです。ただし、将来の海外旅行の旅費を準備するとか、留学できるようにするとかの環境設定は必要です。旅費の準備は、子ども自身が、アルバイトで捻出してもいいことですが…。

★子育ては非常に短い期間

子育てなんて
たかだか18年で
終わってしまう

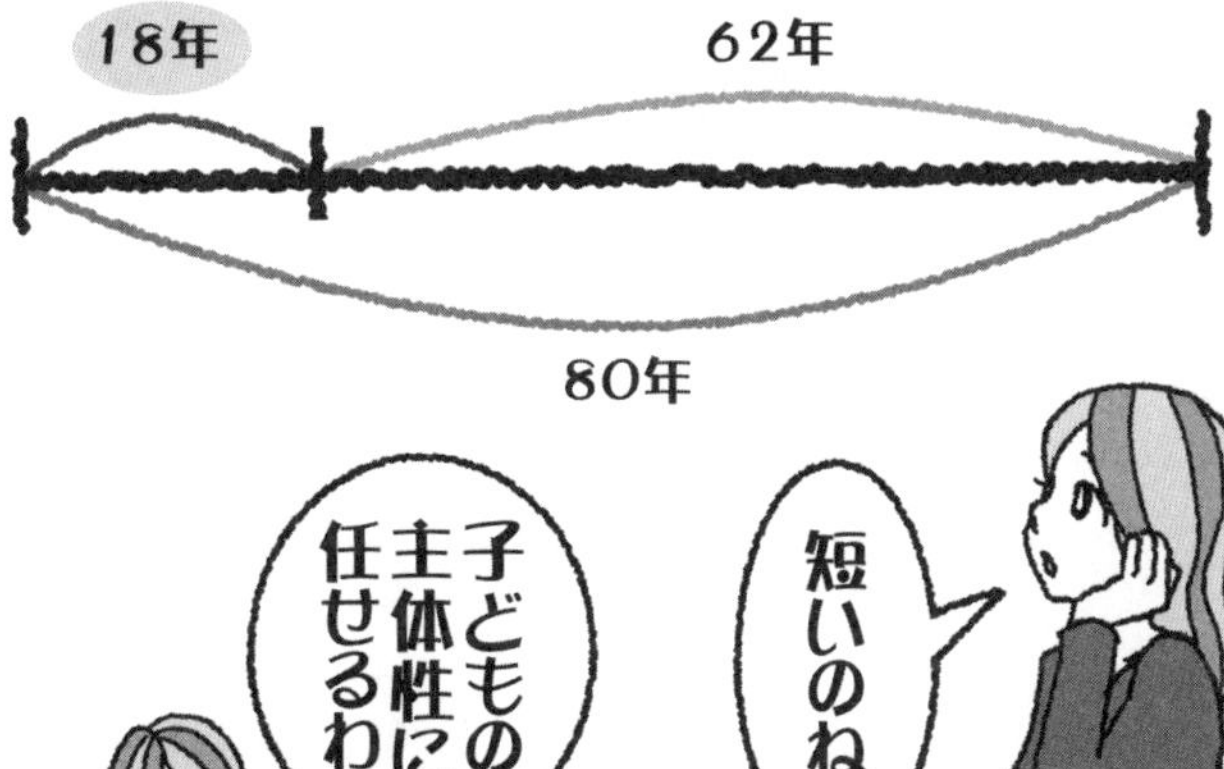
18年
62年
80年

短いのね
子どもの主体性に任せるわ

子どもの自立には親の「主体性」がキーワード

13歳以降の子どもをもつ親が、子どもに頼らず、自分が幸せになるためには、子どものこと以外の趣味をもっていなくてはなりません。親は自分の趣味をもち、一生自分で自分を育てていかなければならないのです。とかく、子離れできない親ほど、ほかに趣味がなく、自分の子どもを大事にしすぎてしまいます。子どもを通して、自己表現をしようとします。子どもが趣味となり、自己表現の手段に使ってしまうのです。

おかあさん同士で、「うちの息子はかわいいのよね」と言っているのは、まだいいとしても、それをそのまま子どもにやったら、子どもに対して失礼です。「何がかわいいだよ、おれはひげも生えてるんだぞ。あんたには、ほかにやることがないのか」と反発を買うだけです。「子ども」以外の選択肢をもてるかどうかが、子どもの自立にかかわってくると思います。それには親の「主体性」＝主体的成長が欠かせません。「主体性」こそが、キーワードなのです。

★親が主体的に生きる

趣味を通して
自分を成長させる

子離れできない親ほど
ほかに趣味がない
子どもが趣味となってしまう

＊「あとがき」に代えて＊

皆様、本書ご一読に感謝申し上げます。『13歳の男の子に、親が教えるキーワード』。それは期せずして、「主体性」ということについての考察ということになってしまいました。あらゆる勉強・学問の究極目的は主体性の確立であり、主体性が構築できなければ、いかなるそれも間違っていた結果になるのです。

人間にとって最も大切な「主体性」、その獲得の大きな起点が13歳という年齢だと思います。自分がやりたいことを見つける。そのために必要なことを身につけようとする。そうすれば勉強なぞ、いともたやすいことのはずです。

親と子の距離感をとるのは、万人にとってたやすいことではないと思います。親としては、子どもが勝手にどんどん成長してくれることは理想的なことです。でもそれは、その子どもがもった個人的、時代的な感受性と価値観によって実践されます。

野に多くの羊を放つ。否それは山にサルでも川に鮎でもかまわない。それが個々勝手に生き残って大きく成長する。

これは人間でも同じはずです。社会に出て働いて世代交代する。その源にあるのは個人的体験に基づく「主体性」であるはずです。個々の人間としての主体性。

愛してやまない子どもと、自分との違いと「距離」を見極められること。これは親として人間としての成長だとも思います。私たちはまさにその機会に遭遇しているのです。私たちは決して自動的に「大人」になるのではありません。次世代＝子どもを持つことにより「大人」になるのです。してみると、子どもを持つ親の理想像は、子育てを通じて自身も成長し、「大人」になることであるはずです。そしてそこには、これまでとは異なった意味での、親の「主体性」が関わって来ると思います。

人間として後悔なき人生を送るために、そこに主体性への確信があることを、子を持つ親として、決して忘れてはいけないと思います。親が主体的に生きることを提言できたとき、子どもは最大限の成長への門戸に立つと思います。

13歳からの男の子育てのキーワード、それは『主体性』です。とかくわかりにくくなる私の意見を、わかりやすくイラスト入りで呈示した本書が、広く皆様の子育ての一助となることを願ってやみません。

２０１１年　７月朔　松永暢史

著者紹介

松永暢史（まつなが・のぶふみ）

1957年生まれ。慶應義塾大学文学部哲学科卒業。

教育環境設定コンサルタント。受験のプロとして知られる。

音読法、作文法、サイコロ学習法などオリジナルな学習法を開発。

V-net 教育相談事務所主催
（東京都杉並区西荻北 2-2-5 平野ビル 3F　TEL03-5382-8688）

●著書

「男の子を伸ばす母親は、ここが違う」（主婦の友社）
「こんな母親が、子供を伸ばす」（扶桑社）
「子どもを親より賢くする本」（PHP 研究所）
「男の子はもっと遊ばせろ！」（幻冬舎）
「頭のいい子を育てる母親は、ここが違う！」（ワニブックス）
「中学入試国語選択問題のウラのウラ」（主婦の友社）など多数

●参考文献

「男の子を伸ばす父親はここが違う！」（扶桑社）
「男の子を伸ばす母親はここが違う！」（扶桑社）
「わが子を伸ばす四大必須科目『音読』『作文』『暗算』『焚火』」（飛鳥新社）

編集協力／コパニカス
カバー・デザイン／CYCLE DESIGN　　本文デザイン／菅沼　画
カバー・本文イラスト／前迫　瞳　　校閲／校正舎楷の木
編集担当／横塚利秋

＊本書に関するご感想、ご意見、ご質問がございましたら、書名記入のうえ、
下記メール・アドレス宛にお願いいたします。

firstedit@tatsumi-publishing.co.jp

「13歳の男の子に、親が教えるキーワード」

2011年8月1日　初版第1刷発行

著　者　松永暢史
発行者　穂谷竹俊
発行所　株式会社日東書院本社
〒160-0022　東京都新宿区新宿2丁目15番14号　辰巳ビル
TEL：03-5360-7522（代表）
FAX：03-5360-8951（販売）
URL：http://www.TG-NET.co.jp

印刷所／図書印刷株式会社　製本所／株式会社宮本製本所

ISBN978-4-528-01314-8 C0037